GINO CERVI • LUCA SELMI

CITTADINANZA E COSTITUZIONE

Indice

Introduzione alla Costituzione 5

Lezione 1 Regole, leggi, democrazia 8
- Regole condivise per il reciproco rispetto 8
  LA SCELTA DELLE PAROLE Regola 8
- Dalle regole alle leggi 9
  TEMI PER RIFLETTERE Sulla strada, regole per la sicurezza 9
- La democrazia, governo del popolo 10
- Cittadini e rappresentanti 10
  TEMI PER RIFLETTERE La conquista della democrazia 11
- I requisiti della democrazia: i partiti e l'informazione 12
  LA SCELTA DELLE PAROLE Partito 12
  ALLA PROVA DEI FATTI Democrazia e partecipazione 13
- I requisiti della democrazia: la divisione dei poteri 14
  E NEGLI ALTRI PAESI? La democrazia nell'Europa unita 14
  TEMI PER RIFLETTERE Fuori dalla legge 15

Laboratorio Conoscenze e competenze 16
Compito di realtà La mafia nei film 17

Lezione 2 Diritti e libertà 18
- Diritti e doveri 18
- I diritti inviolabili 18
  TEMI PER RIFLETTERE Breve storia dei diritti umani 19
- Essere liberi 20
  TEMI PER RIFLETTERE Il bullismo: aggressività che nasconde debolezza 20
- Doveri inderogabili 21
- Un limite alle libertà: la legge 21
- La libertà religiosa 22
- Il rapporto tra Stato italiano e Chiesa cattolica 22
  ALLA PROVA DEI FATTI Stato laico: fino a che punto? 22
  TEMI PER RIFLETTERE Crocifisso e velo 23
- La difesa dei diritti nel mondo: le organizzazioni internazionali 24
  ALLA PROVA DEI FATTI Diritti negati 25

Laboratorio Conoscenze e competenze 26
Compito di realtà Sounds of Freedom DJ 27

Lezione 3 La famiglia 28
- La più piccola "formazione sociale" 28
  LA SCELTA DELLE PAROLE Società naturale 28
- La basi del diritto di famiglia 29
  ALLA PROVA DEI FATTI "Metter su" famiglia 29
- Famiglie di ieri e di oggi 30
- Che cos'è il matrimonio? 30
- Uguaglianza morale e giuridica nella coppia 31
  TEMI PER RIFLETTERE Separazione e divorzio 31
- Nuove forme di convivenza: convivenze di fatto e unioni civili 32
- I doveri dei coniugi 32
- I diritti e i doveri dei figli 32
  TEMI PER RIFLETTERE Famiglia e popolazione: come cambiano i rapporti 33

Laboratorio Conoscenze e competenze 34
Compito di realtà Ritratti di famiglia 35

Lezione 4 La scuola 36
- Quanti anni a scuola! 36
- La scuola per "imparare a vivere" 36
- Il diritto allo studio 37
- Scuola pubblica, scuola privata 37
- L'obbligo di andare a scuola 38
  ALLA PROVA DEI FATTI La dispersione scolastica 38
  TEMI PER RIFLETTERE Analfabetismo: un fenomeno di ritorno 38
- Come funziona una scuola 39
  TEMI PER RIFLETTERE La conquista della Scuola media 39
- I cicli di istruzione in Italia 40
  ALLA PROVA DEI FATTI I costi della scuola 41

Laboratorio Conoscenze e competenze 42
Compito di realtà La nostra scuola: l'edificio e le persone 43

Lezione 5 La salute — 44

- L'importante è la salute — 44
- **TEMI PER RIFLETTERE** La salute, il benessere, la felicità — 44
- Star bene: un fondamentale diritto umano — 45
- Come si tutela la salute? L'intervento dello Stato — 45
- **E NEGLI ALTRI PAESI?** La salute nell'Unione Europea — 45
- **ALLA PROVA DEI FATTI** Quando il lavoro fa male — 46
- Come si tutela la salute? Le scelte giuste — 46
- **TEMI PER RIFLETTERE** Malattie del benessere, malattie della povertà — 47
- Se le conosci le eviti — 48
- Le persone con disabilità — 48
- Salute e libertà, diritti a confronto — 49
- **LA SCELTA DELLE PAROLE** Rispetto della persona umana — 49

Laboratorio Conoscenze e competenze — 50
Compito di realtà Il buongiorno si vede... dal breakfast — 51

Lezione 6 Il lavoro — 52

- Tempo di lavoro, tempo di scuola — 52
- Il lavoro intorno a te — 52
- Il lavoro è un fondamento della nostra Repubblica — 53
- **LA SCELTA DELLE PAROLE** Progresso — 53
- Vivere meglio attraverso il lavoro — 54
- Il lavoro come strumento di uguaglianza — 54
- **TEMI PER RIFLETTERE** Reddito di cittadinanza / Reddito minimo garantito — 54
- Lo Stato tutela chi ha lavoro... — 55
- ... e chi non ce l'ha — 56
- **ALLA PROVA DEI FATTI** La realtà della disoccupazione — 56
- I sindacati e lo sciopero — 57
- La battaglia contro il lavoro minorile — 58
- **ALLA PROVA DEI FATTI** Il lavoro minorile in Italia — 58
- **TEMI PER RIFLETTERE** Migranti al lavoro — 59

Laboratorio Conoscenze e competenze — 60
Compito di realtà L'emblema nazionale — 61

Lezione 7 Ambiente, paesaggio, arte — 62

- Guardati intorno... — 62
- **ALLA PROVA DEI FATTI** Paesaggi rubati — 62
- La tutela del paesaggio — 63
- Lo sfruttamento del pianeta — 64
- **TEMI PER RIFLETTERE** Nell'incertezza, meglio prevenire — 64
- L'inquinamento della Terra — 65
- **TEMI PER RIFLETTERE** Una montagna di rifiuti — 65
- Dalle parole ai fatti — 66
- L'arte, patrimonio della Nazione — 66
- **E NEGLI ALTRI PAESI?** L'Unione Europea per l'ambiente — 66
- **LA SCELTA DELLE PAROLE** Nazione — 67
- **TEMI PER RIFLETTERE** Tesori dell'Umanità — 67

Laboratorio Conoscenze e competenze — 68
Compito di realtà Ti presento la mia città — 69

Lezione 8 L'ordinamento dello Stato — 70

- Organi e funzioni dello Stato — 70
- L'equilibrio tra i poteri — 70
- **TEMI PER RIFLETTERE** L'ONU e l'Unione Europea — 71
- Il Parlamento e il potere di approvare le leggi — 72
- **TEMI PER RIFLETTERE** Le leggi elettorali: scelti o nominati? — 73
- Il Presidente della Repubblica — 74
- Il Governo e il potere di dirigere lo Stato — 74
- La Magistratura e il potere di amministrare la giustizia — 75
- A guardia della Costituzione — 75
- **TEMI PER RIFLETTERE** Costituzione in corso — 75
- **ALLA PROVA DEI FATTI** Istituzioni e vita politica: che cosa riformare? — 76
- Dal centro alle periferie — 76
- **E NEGLI ALTRI PAESI?** Le forme e gli ordinamenti degli Stati europei — 77

Laboratorio Conoscenze e competenze — 78
Compito di realtà Mi candido! — 79

Costituzione della Repubblica italiana — 80

Dichiarazione universale dei diritti dell'uomo — 94

Introduzione alla Costituzione

Essere cittadini

In molte situazioni della nostra vita quotidiana ci troviamo a chiederci che cosa è giusto o sbagliato fare, che cosa gli altri si aspettano da noi e che cosa noi ci aspettiamo dagli altri, quali sono i nostri doveri e quali le nostre libertà. Basta uscire dalla nostra stanza ed "entrare" in famiglia, in classe, tra gli adulti e i ragazzi della nostra età per trovarci di fronte a domande come queste, che riguardano il modo di vivere con gli altri. Può sembrare strano che le risposte si trovino in una "carta", cioè in un unico documento scritto, eppure è proprio così. In quella carta, che è la nostra **Costituzione**, sono stabiliti i **diritti e i doveri** di ognuno di noi e il modo in cui possiamo e dobbiamo **essere cittadini**. Parole come libertà, uguaglianza, giustizia, dignità sociale, democrazia si trasformano nella Costituzione in regole di convivenza concrete.

La Costituzione è la **legge fondamentale** che regola la vita politica e sociale del Paese, **dalla quale dipendono tutte le altre leggi** e il modo in cui lo Stato funziona attraverso le sue istituzioni.

Come è nata la Costituzione italiana

La Costituzione italiana è nata subito dopo la fine della Seconda guerra mondiale, combattuta dal 1939 al 1945. Nel corso della guerra era crollato il **fascismo** e si era sviluppato un **movimento partigiano** – la Resistenza – per difendere il Paese e garantire agli italiani una possibilità di ricostruzione e di scelta futura. Alla fine della guerra sorse la necessità di scegliere la **forma dello Stato**, che dal 1861 era una monarchia, la sua **organizzazione** e i **principi della nuova cittadinanza**. Il **2 giugno 1946**, con un referendum, i cittadini italiani scelsero la **repubblica** ed elessero l'**Assemblea costituente**, incaricata di scrivere, discutere e approvare la nuova Costituzione.

I lavori dell'Assemblea non furono né brevi né facili. Durarono un anno e mezzo e cominciarono con la nomina di una **Commissione per la Costituzione**, composta da **75 membri**, che elaborò un progetto da sottoporre alla discussione generale. Nel corso di **oltre 300 sedute**, quel progetto fu poi scrupolosamente esaminato, parola per parola: ci furono **oltre 1600 proposte di emendamento**, ossia di modifica (anche minima) ai singoli articoli.

Di fatto, su molti punti i membri dell'Assemblea costituente non la pensavano allo stesso modo, perché appartenevano a culture diverse e avevano visioni diverse della società e del futuro. Eppure una soluzione fu sempre trovata: più forte di ogni divisione fu il **desiderio comune di stabilire principi e istituzioni democratici**, capaci di restituire ai cittadini la libertà e i diritti dei quali erano stati privati durante il fascismo o che nemmeno prima, nella precedente storia del Regno d'Italia, avevano mai avuto. Fu questo spirito a spingere i "padri costituenti" a superare ogni ostacolo e a stringere, nella Costituzione, **un nuovo patto di convivenza civile**. La Costituzione venne approvata a larghissima maggioranza ed **entrò in vigore il 1° gennaio del 1948**. Oggi ha dunque circa settant'anni e lasciamo a te decidere se sia giovane o vecchia.

27 dicembre 1947: il capo provvisorio dello Stato Enrico De Nicola firma la Costituzione.

Parti, titoli, sezioni, articoli, commi

La Costituzione, come abbiamo detto, è la legge fondamentale dello Stato ed è in realtà una "carta" composta da **139 articoli**, alcuni dei quali sono suddivisi in **commi**. Puoi leggere l'intera Costituzione in fondo a questo libro.

In apertura si trovano **12 articoli** nei quali sono fissati i **principi fondamentali**, che proprio per il loro carattere generale non avrebbero potuto trovare posto in parti specifiche della carta.

La Costituzione si divide poi in **due Parti**.

La Parte I è dedicata ai **Diritti e doveri dei cittadini** (articoli 13-54) ed è a sua volta suddivisa in quattro "titoli":
- **Titolo I - Rapporti civili** (artt. 13-28, che trattano temi come la libertà personale e di pensiero e il diritto di professare la propria religione ecc.);
- **Titolo II - Rapporti etico-sociali** (artt. 29-34, che trattano temi come la famiglia, la salute e la scuola);
- **Titolo III - Rapporti economici** (artt. 35-47, che trattano temi come il lavoro e il riconoscimento della proprietà privata);
- **Titolo IV - Rapporti politici** (artt. 48-54, che trattano temi come il diritto di voto e l'obbligo di fedeltà alla Costituzione e alle sue leggi).

In questi articoli il cittadino è visto prima nella sua individualità, poi come parte di sfere sociali sempre più ampie.

La Parte II della Costituzione riguarda l'**Ordinamento della Repubblica** (articoli 55-139) e descrive gli organi dello Stato, stabilendo come si formano, come sono composti, quali funzioni hanno e come si distribuiscono i poteri. Ecco i titoli:
- **Titolo I - Il Parlamento** (artt. 55-82);
- **Titolo II - Il Presidente della Repubblica** (artt. 83-91);
- **Titolo III - Il Governo** (artt. 92-100);
- **Titolo IV - La Magistratura** (artt. 101-113);
- **Titolo V - Le Regioni, le Province, i Comuni** (artt. 114-133);
- **Titolo VI - Le Garanzie costituzionali** (artt. 134-139).

Alcuni titoli di questa Parte sono ulteriormente suddivisi in Sezioni. Per esempio, il Titolo VI comprende la Sezione I - La Corte Costituzionale e la Sezione II - Revisione della Costituzione.

Chiudono la carta costituzionale **18 articoli di Disposizioni transitorie e finali**, che avevano lo scopo di regolare il passaggio dal vecchio regime al funzionamento del nuovo sistema democratico.

DATE PER UNA STORIA

Monarchia o repubblica? È quanto fu deciso nel **referendum istituzionale** che si svolse il **2 e 3 giugno del 1946**, prima votazione a suffragio universale diretto e segreto a cui parteciparono anche le donne. Il **54,3%** dei cittadini si dichiarò favorevole alla repubblica e nello stesso mese Umberto II, l'ultimo re, lasciò l'Italia per il Portogallo.

In quei giorni gli italiani votarono anche per eleggere i **membri dell'Assemblea costituente**. Alle elezioni si presentarono i partiti politici, alcuni vecchi (come il Partito socialista, fondato nel 1892) e altri nuovi (come la Democrazia cristiana, fondata nel 1942), i cui militanti avevano contribuito a combattere il fascismo. Prevalsero i democratici cristiani, seguiti dai socialisti e dai comunisti.

I lavori dell'Assemblea costituente durarono **dal giugno del 1946 al dicembre del 1947**.

La Costituzione fu promulgata, cioè dichiarata formalmente valida, il 27 dicembre del 1947 dal capo provvisorio dello Stato **Enrico De Nicola** (liberale), con le controfirme del presidente dell'Assemblea costituente **Umberto Terracini** (comunista, che aveva sostituito il socialista Giuseppe Saragat) e del presidente del Consiglio dei ministri **Alcide De Gasperi** (democratico cristiano).

Quando entrò in vigore, il **1° gennaio del 1948**, la Costituzione democraticamente scelta dal popolo italiano sostituì lo **Statuto albertino**, che Carlo Alberto di Savoia aveva concesso nel **1848** al Regno di Sardegna ed era stato poi automaticamente esteso, nel **1861**, al Regno d'Italia. In quello statuto la sovranità apparteneva per via ereditaria al re, che nominava il Senato e i ministri.

Introduzione alla Costituzione

La forza della Costituzione

La Costituzione italiana non è immodificabile ma è **rigida**, non può essere cioè cambiata da leggi ordinarie. Lo scopo è quello di **tutelare le libertà democratiche** fissate dalla Costituzione e impedire che una maggioranza temporanea possa troppo facilmente trasformare le "regole del gioco", ossia il funzionamento delle istituzioni. L'articolo 138 stabilisce così che le **leggi di revisione della Costituzione** debbano essere approvate due volte da ciascuna Camera a distanza di almeno tre mesi, e che la seconda approvazione debba avvenire a maggioranza assoluta. Se la maggioranza non raggiunge i due terzi dei componenti del Parlamento, e se ne fanno richiesta un quinto dei membri di una Camera, o 500.000 elettori, o cinque Consigli regionali, la legge deve essere sottoposta a un **referendum popolare**, che la può confermare o respingere. Referendum in materia costituzionale si sono tenuti nel **2001**, nel **2006** e nel **2016**. L'articolo 139 dichiara che non può essere cambiata la forma repubblicana dello Stato. Di fatto, anche i primi 12 articoli, posti alla base del nostro ordinamento costituzionale e per questo detti "Principi fondamentali", non possono essere oggetto di cambiamento. Un organo specifico definito dalla Costituzione (articoli 134-137), la **Corte costituzionale**, verifica che le leggi approvate dal Parlamento siano coerenti con la Costituzione stessa e cancella quelle che non lo sono.

La scheda del referendum costituzionale del 4 dicembre 2016.

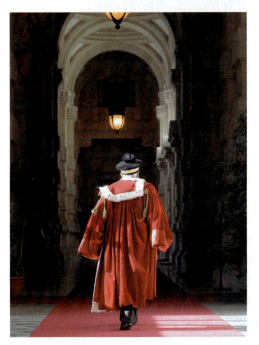

E LE ALTRE LEGGI?

In base al principio della **gerarchia delle fonti**, possiamo immaginare le leggi strutturate come una sorta di piramide:
- al vertice c'è la Costituzione e le leggi costituzionali;
- subito sotto ci sono le leggi ordinarie, i decreti legge e i decreti legislativi (che hanno valore di legge ma sono temporanei o parziali), oltre a vari regolamenti e direttive dell'Unione Europea;
- seguono le leggi regionali e i regolamenti;
- alla base della piramide troviamo usi e consuetudini.

Le leggi di livello inferiore non possono mai essere in contraddizione con quelle di livello superiore, pena l'eliminazione e la non validità. **Tutte le leggi**, quindi, **devono rispettare i principi espressi nella Costituzione**.

Uno dei 15 giudici che compongono la Corte costituzionale.

> *Tutti i cittadini hanno pari dignità sociale e sono eguali davanti alla legge.*

Lezione 1
Regole, leggi, democrazia

Regole condivise per il reciproco rispetto

«Non vale!». Chissà quante volte ti sarai trovato a esclamarlo, per protesta, quando ti sembrava che un compagno non rispettasse le regole di un gioco: se per esempio apriva gli occhi, a nascondino, prima del tempo stabilito o se colpiva la palla oltre la linea decisa insieme come limite del campo.

In realtà le **regole**, ossia le norme di comportamento conosciute e **condivise da tutti**, esistono e sono necessarie in ogni campo della nostra vita, familiare, sociale, politico. In casa, per esempio, può esserci la regola di non alzarsi da tavola prima di aver finito di mangiare. A scuola, sappiamo bene che non ci si può alzare dal banco e uscire durante la lezione. Per strada, il rosso del semaforo ci impone di aspettare sul marciapiede finché scatti il verde e venga il tempo di attraversare sulle strisce.

Gli esempi che abbiamo fatto sembrano suggerire che le regole consistano soprattutto in **proibizioni** e divieti, indicazioni di cosa **non possiamo fare**. Ma sarebbe ingiusto considerarle così: le regole servono piuttosto a definire quello che **possiamo fare**, tutti insieme, nel **reciproco rispetto**. Sono dunque uno strumento di **libertà**, indispensabile come ci è indispensabile la vita con gli altri.

LA SCELTA DELLE PAROLE — REGOLA

L'**etimologia** delle parole, cioè lo studio della loro origine, è interessante perché la storia di una parola ci dice qualcosa sui suoi usi e su come sono cambiati nel tempo. Per esempio, **regola** viene dal latino *regula*, che in origine significava "asticella di legno", in associazione con l'idea di linea retta, di andare diritto: il **regolo** è uno strumento ancora usato dai muratori per verificare che le pareti siano allineate e l'intonaco ben spianato. Da qui, spostando il suo ambito di applicazione dalle costruzioni alle relazioni sociali, la parola è passata al significato attuale di regola o norma.

Norma, a sua volta, deriva dalla parola latina che significa "squadra", strumento per tracciare linee e misurare.

Legge viene da un'antichissima parola di significato religioso, a cui forse si lega il latino *legĕre* ("leggere").

Regole, leggi, democrazia

All'**articolo 29**, la *Dichiarazione universale dei diritti dell'uomo* (la trovi in fondo a questo libro) stabilisce che «Nell'esercizio dei suoi diritti e delle sue libertà, ognuno deve essere sottoposto soltanto a quelle limitazioni che sono stabilite dalla legge per assicurare il riconoscimento e il rispetto dei diritti e delle libertà degli altri». Le **regole** definiscono quindi dove finisce la nostra **libertà** e comincia quella degli altri; le regole, o meglio le **leggi**, rendono dunque possibile la libertà di tutti.

Dalle regole alle leggi

Dove ci sono gruppi, comunità, vita sociale, ci sono regole: sui campi da gioco come nelle case e nei condomini, a scuola come sugli autobus o per strada. Anche il **linguaggio** ha le sue regole, indispensabili per comunicare, e tu sai (o qualche volta ti sarà stato ricordato!) che esistono le **regole della buona educazione**, rispettando le quali si rispettano gli altri: per esempio cedendo il posto sull'autobus a una persona anziana o a una donna che aspetta un bambino, oppure rispondendo con gentilezza a chi ti chiede qualcosa. Queste regole, o regolamenti, valgono in riferimento a specifiche attività o situazioni oppure, come le "buone maniere", sono norme sociali generali, non scritte, che nessuno è obbligato a seguire (anche se sarebbe molto meglio che lo facesse).

Le **leggi di uno Stato** sono invece **norme giuridiche** che valgono nei confronti di tutti all'interno del Paese e che devono essere obbligatoriamente rispettate: chi non lo fa è punito con una **sanzione** (una multa o, nei casi più gravi, il carcere), prevista dalla legge stessa.

In uno **Stato di diritto** sono infatti le leggi, e non l'**arbitrio** dei singoli o la prepotenza dei gruppi, a governare le relazioni sociali e a definire i diritti e le libertà dei cittadini. Come le leggi valgono per tutti, così tutti i cittadini sono **uguali di fronte alla legge**: è questo uno dei principi fondamentali della democrazia.

Arbitrio
Capacità di compiere scelte di propria volontà, senza costrizioni esterne ("libero arbitrio"), ma anche abuso o illegalità nell'imporre le proprie scelte ad altri.

TEMI PER RIFLETTERE

SULLA STRADA, REGOLE PER LA SICUREZZA

Le norme raccolte nel **Codice della strada**, un insieme di 240 articoli di validità nazionale, sono un esempio di regole che permettono l'uso collettivo di un **bene comune**, la strada appunto, tutelando la sicurezza e la salute dei cittadini.

La strada appartiene a pedoni, ciclisti, motociclisti, automobilisti, guidatori di autobus e camion: nessuno la può usare come fosse sua.

Il Codice spiega che cosa vogliono dire i diversi **segnali stradali**, quali caratteristiche devono avere i mezzi di trasporto, come deve comportarsi chi li guida. Anche chi va **a piedi**, **in bici** o **in motorino** ha obblighi da osservare, molto importanti perché si tratta dei soggetti più esposti ai rischi della strada.

I **pedoni**, per esempio, devono attraversare sulle strisce, senza sbucare d'improvviso correndo.

I **ciclisti**, prima di svoltare, devono sporgere un braccio per segnalare la loro intenzione e, sui marciapiedi, devono... trasformarsi in pedoni e spingere la bici a mano. Chi guida il **motorino** non deve pensare che l'agilità e le ridotte dimensioni del suo mezzo lo dispensino dal rispettare i limiti di velocità, le precedenze, i sensi di marcia, le distanze di sicurezza e tutto quanto viene specificato nel Codice della strada.

Aristocrazia

Dal greco *áristos* ("il migliore") e *kratos* ("potere"), letteralmente significa "governo dei migliori, dei più meritevoli o valorosi". Storicamente, è la forma di governo in cui il potere è detenuto dai nobili.

La democrazia, governo del popolo

La democrazia può essere definita nel modo più semplice come il **governo del popolo** (dal greco *demos*, "popolo", e *kratos*, "potere").
Nell'**articolo 1** della Costituzione si legge: «La sovranità appartiene al popolo, che la esercita nelle forme e nei limiti della Costituzione». Come regime politico in cui il governo è espressione del popolo, ossia di tutti i cittadini o almeno della loro **maggioranza**, la democrazia si contrappone storicamente al governo di **uno solo** (la **monarchia** assoluta oppure la dittatura) o al governo di **pochi** (**oligarchia** o **aristocrazia**).
La **sovranità popolare** non si esercita però in modo immediato e incondizionato, ma «nelle forme e nei limiti» dettati dalla Costituzione. Per capire cosa questo significhi esattamente, occorre fare un lungo passo indietro e tornare alle **città-stato greche** del V-IV secolo a.C., nelle quali le decisioni riguardanti la "cosa pubblica" erano prese in prima persona dai cittadini (circa 6000) riuniti nell'assemblea: si trattava quindi di un regime di **democrazia diretta**, che in seguito si è ripetuto solo brevemente e in situazioni eccezionali, ma impensabile col crescere delle dimensioni e delle popolazioni degli Stati.
I **cittadini italiani maggiorenni**, cioè con più di 18 anni, che secondo l'articolo 48 della Costituzione godono dei pieni diritti politici senza distinzioni di alcun genere, di sesso o di razza, di opinioni politiche o di fede, di cultura o di reddito, sono oggi **oltre 50 milioni**.

Cittadini e rappresentanti

Suffragio universale

Diritto di voto attribuito a tutti i cittadini di un Paese, con l'unico requisito di aver superato una certa soglia di età.

Tutte le democrazie moderne sono quindi **democrazie rappresentative**: sono cioè sistemi in cui l'assemblea che decide le leggi, il **Parlamento**, non è composta dalla totalità dei cittadini ma dai loro **rappresentanti**, o deputati, che vengono eletti a **suffragio universale**. Il popolo esercita effettivamente la sua sovranità, in occasione delle elezioni, con lo strumento del **voto**.
Tramite il voto, i cittadini conferiscono ai rappresentanti scelti tra i diversi candidati il **mandato**, ossia l'incarico di prendere decisioni al loro posto. In questo modo le elezioni popolari, se svolte regolarmente, **legittimano** le istituzioni cui è affidato il funzionamento dello Stato; perciò si dice che tra un'elezione e l'altra la sovranità è indiretta, delegata ai rappresentanti eletti.
La Costituzione italiana prevede anche **due forme di democrazia diretta**:
- il **referendum**, cioè la consultazione dei cittadini su scelte specifiche riguardanti le leggi, per abrogarle (ossia cancellarle dall'ordinamento giuridico), confermarle (nel caso delle leggi riguardanti la Costituzione), approvarle (nel caso di creazione o fusione di Regioni o spostamento di Comuni da una Regione all'altra);
- la **legge di iniziativa popolare**, che i cittadini, raccogliendo un certo numero di firme, possono presentare al Parlamento perché sia discussa e votata.

Il voto è:
- **personale**: non è ammesso il voto per procura;
- **uguale**: tutti i voti hanno identico valore;
- **libero**: non sono ammessi condizionamenti e imposizioni;
- **segreto**: si vota al riparo della cabina elettorale;
- **un dovere civico**, ma l'astensionismo è ammesso e non sanzionato.

Regole, leggi, democrazia

LA CONQUISTA DELLA DEMOCRAZIA

TEMI PER RIFLETTERE

Come dimostra anche l'origine della parola, la **democrazia** è un'"invenzione" greca. Nell'**Atene del V secolo a.C.**, guidata da **Pericle**, si stabilì il principio che tutti i cittadini maschi adulti, liberi e in grado di portare le armi, avessero il diritto di **partecipare al governo della città**. Potevano così essere sorteggiati per accedere alle cariche pubbliche, nell'assemblea e nei tribunali, ed erano retribuiti per farlo, perché il privilegio non toccasse solo a chi non aveva bisogno di lavorare per vivere.

Di fatto, i più ricchi e i nobili per nascita continuarono ad avere un prestigio e un'influenza maggiore degli altri e più dei tre quarti della popolazione – le donne, gli schiavi e gli stranieri – restarono esclusi dall'accesso ai diritti politici, in quanto "non cittadini". In linea di principio, però, a un contadino ateniese venne riconosciuta una condizione identica a quella di Pericle ed è proprio da questo concetto di **uguaglianza tra gli uomini** che è cresciuto nei secoli, come da un seme, l'"albero" della democrazia moderna.

Tappa fondamentale di questo lungo cammino è stata la **Rivoluzione francese** scoppiata nel **1789**, che abbatté il regime della monarchia assoluta, della nobiltà e del clero e nella *Dichiarazione dei diritti dell'uomo e del cittadino* stabilì, al primo articolo, che «gli uomini nascono e rimangono liberi e uguali nei diritti». Il motto di quella rivoluzione, **Liberté, Égalité, Fraternité** ("libertà, uguaglianza, fraternità", ossia solidarietà sociale), è ancora scritto sull'emblema della Repubblica francese e a quei principi restano legate l'idea e la pratica delle democrazie attuali.

Nel corso dell'Ottocento e del Novecento l'uguaglianza, cioè la partecipazione popolare al governo della "cosa pubblica", si è fatta sempre più concreta grazie al progressivo allargamento del **diritto di voto**, frutto delle rivendicazioni del movimento operaio e del movimento per l'emancipazione delle donne. In Italia il **suffragio universale maschile**, senza restrizioni legate al reddito o all'istruzione, è stato introdotto nel **1912**; l'autentico suffragio universale, maschile e **femminile**, solo nel **1946**.

Busto di Pericle.

Una donna italiana esulta per la vittoria della Repubblica al referendum del 1946.

L'introduzione del suffragio universale in alcuni Paesi del mondo			
Argentina	1912-1947	Israele	1948
Australia	1903	Italia	1946
Belgio	1948	Norvegia	1913
Brasile	1932	Nuova Zelanda	1893
Canada	1920	Regno Unito	1918
Cile	1949	Russia	1917
Cuba	1934	Spagna	1931
Danimarca	1915	Stati Uniti *	1920-1965
Finlandia	1906	Sudafrica	1930
Francia	1945	Svezia	1919
Germania	1918	Svizzera	1971
Giappone	1946	Turchia	1923
Irlanda	1918	Uruguay	1917

* Negli Stati Uniti il suffragio universale esiste dal 1920, ma solo nel 1965 è stato eliminato il requisito dell'alfabetizzazione (saper leggere e scrivere).

I requisiti della democrazia: i partiti e l'informazione

La partecipazione politica dei cittadini si svolge attraverso una molteplicità di movimenti e associazioni che lavorano per far sentire la propria voce ed esercitare la propria influenza su temi specifici o generali. Al momento delle elezioni, sono i **partiti** a presentare la gran parte dei candidati e a concorrere per conquistare la maggioranza dei voti. Dei partiti, associazioni di persone che condividono idee e programmi circa le questioni fondamentali del governo della società, parla esplicitamente la Costituzione all'**articolo 49**: «Tutti i cittadini hanno diritto di associarsi liberamente in partiti per concorrere con metodo democratico a determinare la politica nazionale».

Di fatto, sono proprio i partiti a **garantire il collegamento** tra elettori ed eletti e tra elettori e istituzioni politiche, e anche a definire – attraverso i loro **programmi** – un rapporto tra la volontà di chi vota e il comportamento dei suoi rappresentanti. Nel momento del voto si viene a stabilire un "patto" tra elettori ed eletti, ma anche tra elettori e partiti. Alle elezioni successive l'elettore valuterà se gli impegni presi sono stati rispettati oppure no e deciderà quindi se confermare la propria fiducia o trasferirla ad altri rappresentanti o ad altri partiti.

Perché si possa parlare di democrazia, i **partiti** devono essere più di uno: il **pluralismo** politico, ossia il confronto tra idee, programmi, organizzazioni, è indispensabile alla libertà e i regimi a partito unico sono storicamente autoritari. Per poter scegliere liberamente e consapevolmente tra i programmi dei diversi partiti e movimenti, i cittadini devono essere informati sulle possibili alternative. È dunque essenziale che i mezzi di informazione – la stampa, la radio, la televisione e Internet – siano liberi e capaci di alimentare un **dibattito pubblico** il più possibile vasto intorno ai temi e ai problemi che riguardano la collettività. Ed è essenziale che i cittadini siano liberi di esprimere in ogni modo il loro pensiero. La democrazia richiede cittadini informati, capaci di **giudizi critici** (dal greco *krino*, che significa "io giudico", "io distinguo"), in grado cioè di riflettere attentamente sulle proposte in campo prima di scegliere.

LA SCELTA DELLE PAROLE — PARTITO

Quando fu scritta la Costituzione, i partiti sedevano con i loro rappresentanti nell'**Assemblea costituente**, cioè l'assemblea incaricata di scrivere la carta costituzionale, ed esercitavano già un'influenza notevolissima nella vita del Paese, intervenendo nel dibattito pubblico e organizzando la partecipazione popolare. Erano i partiti di impostazione socialista, liberale, comunista, cattolica che avevano resistito in **clandestinità** al fascismo o erano nati per combatterlo negli ultimi anni della guerra. Era dunque logico che nel testo costituzionale fossero citati, nella parte riservata ai "rapporti politici", come strumenti della politica democratica nazionale. Nell'Assemblea costituente si discusse se affermare il principio del "**metodo democratico**" anche in riferimento all'organizzazione interna dei partiti e se fosse il caso di stabilirne il riconoscimento giuridico, con l'attribuzione di compiti costituzionali. Si preferì però non farlo, per non limitare in alcun modo la libertà di associazione di tutti i cittadini, duramente repressa negli anni del fascismo.

Una seduta dell'Assemblea costituente raffigurata sulla copertina della «Domenica del Corriere».

Regole, leggi, democrazia 1

ALLA PROVA DEI FATTI
Democrazia e partecipazione

La Costituzione, all'**articolo 48**, definisce l'esercizio di voto un «**dovere civico**», cioè un dovere del cittadino in quanto membro della collettività (non un obbligo giuridico, che richiederebbe sanzioni se non osservato). E anche se non prescrive esplicitamente di impegnarsi nella vita politica né suggerisce come, giudica «l'effettiva **partecipazione** di tutti i lavoratori all'organizzazione politica, economica e sociale del Paese» (art. 3) un valore che è compito dello Stato promuovere.

Negli ultimi anni, però, le **percentuali di votanti** alle elezioni politiche nazionali e locali sono andate diminuendo sempre più, anche nelle Regioni in cui la partecipazione al voto era storicamente più alta. Alle elezioni politiche del **2 giugno 1946**, quando si votò per eleggere l'Assemblea costituente, prese parte l'89,1% degli elettori; alle elezioni regionali del 2015 l'affluenza alle urne è andata dal 57% del Veneto al 48% della Toscana, mentre in Emilia-Romagna l'anno prima aveva votato appena il 38% degli elettori. La diminuzione dell'interesse nei confronti del voto è segnalata anche dalla bassa affluenza alle elezioni europee, che nel 2009 ha raggiunto il suo minimo con una media di appena il 43% nell'elettorato dei diversi Paesi.
Sono dati che fanno pensare.

Probabilmente sai che i **partiti** sono da tempo criticati in Italia da una parte dell'opinione pubblica e dell'elettorato. Li si accusa (tutti o alcuni) di essere poco efficienti e coerenti, rivolti al mantenimento dei propri poteri e privilegi più che all'interesse della collettività, complici in episodi di **cattiva amministrazione** della "cosa pubblica" o addirittura di **corruzione**. I grandi partiti "di massa" che avevano dominato la vita politica e il dibattito ideale nei decenni scorsi, con milioni di iscritti e una moltitudine di sedi locali, non esistono più e la loro funzione di socializzazione politica, ossia di educazione al confronto e alla democrazia, è in parte tramontata.

Comunque li si giudichi, i partiti attuali sono meno stabili rispetto a quelli del passato e la diminuita partecipazione al voto può riflettere la **sfiducia** di una parte dei cittadini nella loro capacità di risolvere i problemi più urgenti. Anche il diffondersi di tendenze **populiste** ha contribuito alla **perdita di autorevolezza** dei partiti. Essi rimangono però la forma di organizzazione della vita politica caratteristica delle democrazie: si tratta dunque di pensare a una loro riforma e a un loro cambiamento, anche profondo, più che di immaginarne la scomparsa. Quanto al basso livello di partecipazione, esso non impedisce alle democrazie di funzionare ma ne abbassa la vitalità e la qualità.

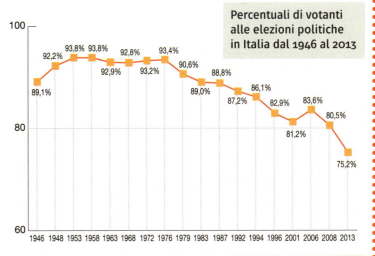

Percentuali di votanti alle elezioni politiche in Italia dal 1946 al 2013

Populismo

Termine attribuito a movimenti politici anche molto diversi tra loro, ma con la caratteristica comune di riferirsi a leader che si dichiarano capaci di interpretare direttamente la volontà del popolo, senza la mediazione di partiti, sindacati e altre istituzioni rappresentative, come il Parlamento. Il populismo propone piuttosto una forma di democrazia diretta, in cui il popolo è chiamato essenzialmente a esprimersi con un sì o con un no.

I requisiti della democrazia: la divisione dei poteri

Una seduta del Parlamento italiano.

Un altro principio fondante delle democrazie moderne è quello della **divisione dei poteri**, affermato a metà del Settecento dal filosofo francese **Montesquieu**. Il potere di fare le leggi o **legislativo**, il potere di metterle in atto o **esecutivo**, il potere di giudicare e punire chi le trasgredisce o **giudiziario** devono essere affidati a organi separati e con compiti distinti, in grado di appoggiarsi, equilibrarsi e limitarsi a vicenda.

La Costituzione italiana, come tutte le costituzioni dei Paesi democratici, individua questi organi rispettivamente nel **Parlamento**, nel **Governo** e nella **Magistratura**. Scopo di questa separazione dei poteri è quello di garantire i cittadini dagli abusi che il contemporaneo esercizio di diverse funzioni pubbliche potrebbe comportare. D'altra parte, se ci si pensa, la dittatura è proprio la forma di governo opposta, in cui il potere si concentra in un solo organo, o addirittura in un solo uomo, senza limiti esterni.

```
                    Divisione dei poteri
          ┌──────────────┼──────────────┐
   Potere legislativo  Potere esecutivo  Potere giudiziario
      Parlamento         Governo          Magistratura
```

E NEGLI ALTRI PAESI?

LA DEMOCRAZIA NELL'EUROPA UNITA

L'**Unione Europea** è uno spazio politico definito dai principi e dalle regole della democrazia, come stabilito nel **Trattato dell'Unione Europea** firmato a Maastricht nel 1992.

Nel 1993 è stato specificato che il primo dei requisiti richiesti a un Paese per essere ammesso nella UE è la presenza di «istituzioni stabili che garantiscano la democrazia, lo stato di diritto, i diritti dell'uomo, il rispetto delle minoranze e la loro tutela». Nella diversità di forme e ordinamenti, tutti i Paesi dell'Unione Europea hanno dunque **istituzioni democratiche**.

Anche per la UE si pone però una questione che è stata definita di "**deficit democratico**", cioè di **insufficiente governo del popolo**. Il motivo principale è che l'integrazione europea si è sviluppata sul terreno economico, fino all'unificazione dei mercati e della moneta, ma non altrettanto su quello politico.

Una seduta del Parlamento europeo a Bruxelles.

Non si è ancora giunti all'approvazione di una Costituzione comune e di fatto, in molti campi, un Governo europeo non esiste. Inoltre il **Parlamento europeo**, che viene eletto a suffragio universale da tutti i cittadini e che dunque li rappresenta, ha un ruolo più modesto rispetto a quello delle assemblee legislative nazionali: nel sistema delle istituzioni europee, infatti, il Parlamento si limita ad approvare le leggi insieme al **Consiglio dell'Unione Europea** (formato dai ministri degli Stati membri), sulla base delle proposte della **Commissione europea** (formata dai commissari proposti da ogni Stato).

Regole, leggi, democrazia 1

TEMI PER RIFLETTERE

FUORI DALLA LEGGE

Il rispetto delle leggi definisce il campo della **legalità**. I comportamenti illegali, o **reati**, dai più lievi (come lasciare l'auto in divieto di sosta) ai più gravi (come la rapina e l'assassinio), sono accomunati dall'affermarsi di "altre leggi" rispetto a quelle che si sforzano di garantire la giustizia, la sicurezza e il benessere sociale: le leggi della furbizia, della prevaricazione, della violenza.

La Costituzione (**articolo 27**) stabilisce che «la **responsabilità penale è personale**», cioè che nessuno può essere punito per fatti commessi da altri. I reati possono però essere commessi insieme e in complicità con altri. È il caso delle **associazioni per delinquere** o **criminalità organizzata**, per le quali la legge prevede sanzioni speciali. Nel nostro Paese, per ragioni storiche complesse, fin dall'Ottocento si sono sviluppate, in alcune regioni, organizzazioni criminali capaci poi di espandersi ed estendere le proprie attività anche a livello internazionale: la **mafia** in Sicilia, la **camorra** in Campania, la **'ndrangheta** in Calabria. Queste diverse organizzazioni hanno in comune alcune caratteristiche:

- l'esercizio della **violenza** più atroce per affermare il proprio potere;
- l'esistenza di **regole** interne (tra cui quella del silenzio o dell'omertà), da rispettare a rischio della vita;
- la capacità di **intimidire e corrompere** a proprio vantaggio, ogni volta che è possibile, i poteri politici, economici, finanziari.

2006: l'arresto del boss mafioso Bernardo Provenzano, dopo una latitanza di 43 anni.

La criminalità organizzata fa affari grazie a molte attività illecite, tra cui: l'**estorsione** (per cui i commercianti sono costretti a pagare un "pizzo" in cambio della "protezione" dei malavitosi); l'**usura** (il prestito di denaro a interessi altissimi); lo **sfruttamento della prostituzione**; i **traffici illegali** di droga, armi, rifiuti e oggi anche di esseri umani attraverso l'immigrazione clandestina; la gestione del **gioco d'azzardo** e quella degli **appalti pubblici**, cioè dei lavori edilizi commissionati dallo Stato o dai suoi enti territoriali alle imprese private.

Le mafie non sono però le uniche responsabili dei reati di **corruzione**, cioè di quei reati commessi da chi viene meno ai propri obblighi in cambio di denaro o altri favori. Per esempio, il funzionario di un Comune può fare in modo che la gara di appalto per la costruzione di una strada non sia vinta dall'impresa più qualificata, ma da quella che gli paga la "mazzetta". I fenomeni di corruzione sono diffusi in Italia e ancor più diffusa ne è la percezione, cioè l'idea che, per raggiungere il proprio scopo, "pagare" sia la via più facile e quella a cui ricorrono tutti. Al **danno civile**, per le ingiustizie che in questo modo vengono commesse, si aggiunge il **danno economico** per il maggior costo che la collettività è infine costretta a sopportare.

Conseguenze simili ha un comportamento illegale spesso ritenuto non grave: l'**evasione fiscale**. L'articolo 53 della Costituzione stabilisce che «Tutti sono tenuti a concorrere alle spese pubbliche in ragione della loro capacità contributiva». Attraverso le **imposte** pagate dai cittadini secondo le proprie possibilità ("capacità contributiva"), lo Stato finanzia i **servizi pubblici** di cui tutti hanno bisogno: dalla sanità alla scuola, dai mezzi di trasporto alla sicurezza sociale. Si stima però che oltre un quarto del totale delle imposte sia evaso, cioè non sia pagato, da imprese e cittadini disonesti che nascondono in tutto o in parte i propri redditi.

Il **danno per la collettività e per i cittadini onesti** è enorme: la diminuzione delle risorse disponibili si traduce in diminuzione di servizi, imposte più alte per chi le paga, squilibrio nei conti dello Stato.

Spesso chi evade le tasse è convinto di difendere con furbizia i propri interessi nei confronti dello Stato: in realtà è prima di tutto sleale nei confronti dei suoi concittadini e approfitta indebitamente di servizi che altri finanziano per lui.

Laboratorio

Conoscenze

1 Abbina correttamente ciascuna di queste regole all'ambito al quale si riferisce.

a. Si sale solo se regolarmente provvisti di biglietto.
b. Da', di', cioè i monosillabi dell'indicativo presente dei verbi *dare* e *dire*, vogliono l'apostrofo e non l'accento.
c. È vietato sorpassare quando c'è la riga di mezzeria continua.
d. Un calciatore non può toccare la palla con le mani.
e. A teatro si silenzia la suoneria del cellulare.

1. Regola calcistica
2. Regola del Codice stradale
3. Regola ortografica
4. Regola di utilizzo dei mezzi pubblici
5. Regola di buona educazione

2 La parola "democrazia" significa:

| a | governo di uno solo. | b | governo del popolo. | c | governo dei forti. |

3 Indica se le seguenti caratteristiche del diritto di voto sono vere o false.

a. Il voto ha un valore diverso a seconda del cittadino che lo esprime. | v | f |
b. Non si può votare al posto di un altro. | v | f |
c. Il voto è segreto. | v | f |
d. Il voto è obbligatorio. | v | f |
e. L'elettore non può essere costretto a votare per qualcuno. | v | f |

4 Il potere legislativo è:

| a | Il potere di mettere in atto le leggi.
| b | Il potere di giudicare e punire chi trasgredisce le leggi.
| c | Il potere di fare le leggi.

5 Il potere legislativo appartiene:

| a | alla Magistratura. | b | al Governo. | c | al Parlamento. |

6 Completa nel modo corretto la seguente frase.

I .... europei eleggono a .... universale il Parlamento europeo, che, a differenza dei Parlamenti nazionali, non fa le leggi ma si limita ad .... dopo che queste vengono proposte dalla .... europea.

Competenze

7 Commenta oralmente con le tue parole la parte dell'articolo 29 della *Dichiarazione universale dei diritti dell'uomo* che riportiamo qui sotto.

«Nell'esercizio dei suoi diritti e delle sue libertà, ognuno deve essere sottoposto soltanto a quelle limitazioni che sono stabilite dalla legge per assicurare il riconoscimento e il rispetto dei diritti e della libertà degli altri.»

8 Spiega con le tue parole la differenza tra democrazia diretta e democrazia rappresentativa.

9 Traccia una linea del tempo con le tappe più significative della conquista della democrazia nella storia della civiltà dell'uomo.

Compito di realtà

La mafia nei film
Organizzare una rassegna cinematografica di film sulla mafia

1 Un genere cinematografico

La **mafia** è stata spesso soggetto di numerosi **film**, alcuni dei quali sono grandi **capolavori**. Dagli anni Sessanta del secolo scorso, il tema è stato trattato in forme e stili diversi. In genere sono storie drammatiche, spesso di chi si è opposto con coraggio al potere mafioso (magistrati, politici, sindacalisti, giornalisti, gente comune): sono soprattutto storie ispirate a fatti di cronaca e agli assassini del generale **Dalla Chiesa**, dei magistrati **Falcone** e **Borsellino**, dell'avvocato **Ambrosoli** (*Un eroe borghese*), del sindacalista **Rizzotto** o del giornalista **Impastato** (*I cento passi*).
In altri casi le pellicole cinematografiche sono state ispirate da testi letterari, come *Il giorno della civetta* di **Leonardo Sciascia**, scrittore siciliano, o come *Gomorra*, l'inchiesta-romanzo di **Roberto Saviano** sulla camorra.
Il **cinema americano** ha rappresentato il mondo mafioso in potenti affreschi d'invenzione, ma estremamente realistici, come nella trilogia del *Padrino* di Francis Ford Coppola, *Scarface*, *The Untouchables* e *Carlito's Way* di Brian De Palma, *L'onore dei Prizzi* di John Huston, *The Goodfellas* di Martin Scorsese.
Ma ci sono anche film in cui la mafia viene raccontata in modo comico: *Johnny Stecchino* di Benigni e *La leggenda di Al, John e Jack*, con Aldo, Giovanni e Giacomo, o il musical *Tano da morire* e la parodia grottesca *Lo zio di Brooklyn*, fino ad arrivare ai più recenti film di Pif, *La mafia uccide solo d'estate* e *In guerra per amore*.

2 Una rassegna-festival

La scuola vi ha incaricato di organizzare una **rassegna cinematografica sul tema della mafia**. L'obiettivo è quello di scegliere **dieci pellicole** che rendano conto di come il tema della mafia sia stato rappresentato nei modi più diversi, sia per le storie scelte sia per lo stile con cui vengono raccontate, ma anche per il periodo in cui sono state prodotte: devono infatti coprire in modo uniforme l'arco temporale **dal 1960 ai nostri giorni**. Dovrete preparare anche i materiali che servono alla comunicazione della rassegna: dalla scelta del titolo della manifestazione alla realizzazione di una locandina con il calendario degli appuntamenti, alla stesura di dieci schede di presentazione dei film.

3 Le fasi del compito

a. **Selezionate i dieci film**, partendo dalla lista di titoli presenti nella voce di Wikipedia "La mafia nel cinema" e in base a questi criteri:
   - **periodo di realizzazione**, in modo che si possa seguire l'evoluzione storica del genere, partendo dagli anni Sessanta;
   - devono esserci almeno **tre film non italiani**;
   - devono essere rappresentati **diversi stili** (drammatico, d'azione, ispirato alla cronaca, ispirato alla letteratura, comico);
   - **reperibilità** della pellicola (meglio se il film è visibile in forma integrale in rete o in dvd).

   Ogni studente indica la propria lista di dieci titoli. I dieci titoli più votati verranno selezionati, sempre rispettando i criteri sopra elencati.
   Una volta scelti i titoli dei film, la classe di divide in **sei gruppi**.

b. Cinque gruppi preparano, ciascuno per due film, una **scheda di lettura** così organizzata:
   - titolo;
   - anno di produzione;
   - genere (drammatico, azione, commedia...);
   - regista;
   - attori protagonisti;
   - trama (massimo 300 caratteri).

c. Il sesto gruppo si dedica alla **scelta del titolo** da dare alla rassegna cinematografica e alla realizzazione grafica della **locandina**.

d. Al termine delle proiezioni, la classe si riunisce in una **giuria** per assegnare i premi. Ogni studente può indicare **tre nomination**, per ciascuna delle categorie qui di seguito elencate:
   - il miglior film;
   - il miglior attore protagonista;
   - il miglior attore non protagonista;
   - la miglior ambientazione;
   - il personaggio più negativo delle storie raccontate;
   - il personaggio più positivo delle storie raccontate;
   - la miglior colonna sonora.

e. Per ciascuno dei premi assegnati la giuria dovrà esprimere un **giudizio** di 100 caratteri.

> "*La Repubblica riconosce e garantisce i diritti inviolabili dell'uomo.*"

Lezione 2
Diritti e libertà

Diritti e doveri

Diritti e doveri: sono parole, e concetti, che si trovano spesso a braccetto, come se gli uni non potessero fare a meno degli altri. L'**articolo 2** della nostra Costituzione li contiene entrambi: «La Repubblica riconosce e garantisce i diritti inviolabili dell'uomo, sia come singolo sia nelle formazioni sociali ove si svolge la sua personalità, e richiede l'adempimento dei doveri inderogabili di solidarietà politica, economica e sociale».
L'articolo 2 anticipa in sintesi tutta la **Parte I** della Costituzione, che è proprio dedicata ai «Diritti e doveri dei cittadini»:
- un **diritto** è una cosa che puoi fare e che **nessuno ti può impedire di fare**;
- un **dovere** è qualcosa che altri, per esempio i genitori, gli insegnanti, lo Stato, decidono che tu debba fare.

A volte i diritti sono anche doveri: per esempio, in Italia la **scuola** è un diritto perché nessuno può impedirti di andarci, ma è anche un dovere perché, anche se non ci vuoi andare, **sei obbligato a farlo**, almeno fino a una certa età.

I diritti inviolabili

Ci sono dei diritti che sono "più diritti" degli altri: come si dice nella Costituzione, sono **inviolabili**. Un diritto inviolabile non può essere ignorato o cambiato. E in effetti è come se la Costituzione, posizionandoli nei primi 12 articoli che enunciano i **principi fondamentali**, li abbia messi in cassaforte, al sicuro da ogni tentativo di manomissione. Infatti quei diritti, proprio in quanto inviolabili, non possono essere cambiati né contraddetti neanche da una riforma della Costituzione.
I diritti inviolabili sono quelli che appartengono alla sfera più intima e personale di un uomo, e senza i quali la sua dignità umana viene messa in pericolo. Ad esempio, il **diritto alla vita** è un diritto inviolabile. Non è così scontato: in molti Stati ci sono leggi che prevedono la **pena di morte**, che toglie "legittimamente" la vita a chi si è macchiato di reati gravissimi. Nel nostro ordinamento costituzionale la pena di morte è stata abolita proprio perché "naturalmente" in contraddizione con il diritto alla vita.
Altri diritti inviolabili sono la **libertà personale** (art. 13), il **domicilio** (art. 14), la **libertà** e la **segretezza della corrispondenza** (art. 15).

Inviolabile

Inviolabile significa "che non si può violare", e *violare* è un verbo che deriva dalla parola latina *vis* ("forza", ma anche "violenza"); *violare* vuol dire usare violenza, fare qualcosa contro una persona o una cosa.

Diritti e libertà 2

TEMI PER RIFLETTERE

BREVE STORIA DEI DIRITTI UMANI

L'aggettivo "fondamentale" fa pensare alla profondità, alle fondamenta sulle quali si costruisce qualcosa: un ponte, una casa, ma anche un accordo, un patto. Nei primi 12 articoli della Costituzione si elencano i "**Principi fondamentali**", cioè i valori essenziali che devono ispirare chi governa, chi fa le leggi e chi le applica in un'aula di tribunale. Sono valori che più che al cittadino, cioè a chi appartiene a una comunità, sono riferiti all'uomo in quanto tale, e quindi valgono non soltanto per gli italiani ma anche per tutti gli stranieri che vivono, anche temporaneamente, sul nostro territorio.

La tutela di questi principi fondamentali non spetta esclusivamente a un singolo Stato, ma a tutta la comunità internazionale. Costituita subito dopo la Seconda guerra mondiale, l'**ONU** (Organizzazione delle Nazioni Unite) ha lo scopo di diffondere e tutelare la pace nel mondo, messa a dura prova da anni di sofferenze e orrori; il 10 dicembre 1948 approvò la **Dichiarazione universale dei diritti dell'uomo** (vedi p. 94), che, in 30 articoli, elenca i diritti fondamentali della popolazione mondiale. Il suo primo articolo dichiara che: «Tutti gli esseri umani nascono liberi ed eguali in dignità e diritti. Essi sono dotati di ragione e di coscienza e devono agire gli uni verso gli altri in spirito di fratellanza».

La firma della *Dichiarazione di indipendenza* degli Stati Uniti d'America in un dipinto di John Trumbull.

Si tratta proprio di quegli stessi diritti presenti anche nella Costituzione italiana. Anche gli Stati europei, nel 1950 a Roma, hanno firmato una **Convenzione europea dei diritti umani**, il cui contenuto ricalca in buona parte quello della Dichiarazione dell'ONU.

L'idea di un documento contenente i diritti e le libertà dei cittadini e le regole cui devono attenersi i governanti di uno Stato ha visto la luce nella seconda metà del Settecento: sono state la **Dichiarazione di indipendenza degli Stati Uniti d'America** (1776) e la francese **Dichiarazione dei diritti dell'uomo e del cittadino** (1789) a dare forma e consistenza ai diritti umani. La prima, ripresa poi dalla seconda, apriva con queste parole: «Noi riteniamo che sono per se stesse evidenti queste verità: tutti gli uomini sono creati uguali. Il Creatore li ha dotati di alcuni **diritti inalienabili**, tra i quali vi sono la **vita**, la **libertà** e la **ricerca della felicità**. I governi sono stati istituiti tra gli uomini per garantire questi diritti e derivano i loro giusti poteri dal consenso dei governati. Ogniqualvolta una qualsiasi forma di governo tende a negare questi fini, è diritto del popolo mutarla o abolirla e istituire un nuovo governo, che si fondi su quei princìpi e che abbia i propri poteri ordinati nel modo che al popolo sembri più idoneo al raggiungimento della sua sicurezza e della sua felicità».

Il testo francese della *Dichiarazione dei diritti dell'uomo e del cittadino* del 1789.

Essere liberi

Dunque, tutta la prima parte della Costituzione elenca numerosi articoli dedicati alle libertà. Ma che cosa vuol dire per un uomo **essere libero**? Proviamo a dare una definizione. Essere libero è il **diritto** di ciascuno **di essere se stesso**, cioè di esprimere il proprio pensiero, di dare forma alla propria personalità, provando a realizzare le proprie aspirazioni, i propri desideri. Ma essere libero è anche avere la **possibilità di compiere delle scelte** rispetto alle situazioni che ci si trova a vivere e ad affrontare.
Ci sono diversi tipi di libertà:

- si può essere "**liberi da**", ovvero essere tutelati da azioni che fanno violenza alla nostra sfera individuale e privata: si è liberi dall'essere arrestati, perquisiti, spiati nella propria vita privata senza un mandato;
- si può anche essere "**liberi di**", cioè liberi di poter senza ostacoli esprimere se stessi e le proprie idee nella vita sociale, economica e politica: si è liberi di manifestare il proprio pensiero a mezzo stampa, di votare alle elezioni, di formare partiti politici, di riunirsi in organizzazioni sindacali, di praticare la propria religione.

Ma l'uomo è un **animale sociale**, e proprio il **vivere con gli altri** pone un problema: come si misura la libertà di ciascuno rispetto a quella degli altri? Riconoscere che **ciascuno ha diritto alla propria libertà** significa che **tutti** (nessuno escluso) **possono disporre della propria libertà**. Dunque, per poter godere della propria libertà, è necessario che ciascuno ponga dei limiti a essa o rinunci a una sua parte. A volte questo può addirittura non bastare. Oltre a **rispettare il prossimo e le sue libertà**, può essere necessario fare qualcosa per lui. È il **principio di solidarietà**, al quale si ispira proprio la seconda parte dell'articolo 2 della Costituzione.

TEMI PER RIFLETTERE

IL BULLISMO: AGGRESSIVITÀ CHE NASCONDE DEBOLEZZA

Un esempio in cui la libertà degli altri viene soffocata a vantaggio della propria è il **bullismo**. È un fenomeno che ti sarà capitato di incontrare, sui giornali o in televisione, oppure, sfortunatamente, per esperienza diretta. Il bullismo è una forma di **comportamento deliberatamente aggressivo, ripetuto più volte nel tempo**. Un bullo è chi non rispetta in alcun modo altri ragazzi e li trasforma in proprie vittime, solo perché sono più deboli per età, per forza e, quando il bullismo si esercita in gruppo, anche per numero. Chi assume atteggiamenti da bullo, e cioè di **prevaricazione** e di **violenza** nei confronti degli altri, non si chiede: "Avrei piacere a subire quanto io faccio agli altri?".
Ma che cosa spinge il bullo a ricorrere alla violenza? Le ragioni sono varie. In molti casi può essere motivato proprio dal desiderio di accrescere la considerazione che ha di sé, senza preoccuparsi di quella altrui. La radice di un tale modo di agire spesso dipende dalla diffusione nella nostra società di **disvalori**, come l'**eccessiva competitività**, che può indurre qualcuno a considerare positivo tutto ciò che serve a conquistare una posizione di superiorità, anche a costo di usare la violenza.

Spesso poi **il bullo diventa vittima del proprio ruolo**. Una sua bravata, magari occasionale, si trasforma agli occhi del gruppo in un tratto distintivo, l'elemento con cui identificarlo. Dal bullo tutti si aspettano sempre lo stesso atteggiamento, la stessa aggressività fisica o verbale; se non si comporta più così, non è riconosciuto. Si tratta di un errore grossolano: vestire i panni del bullo perché il gruppo lo richiede finisce per essere l'espressione di una **debolezza**, che impone di lasciare in secondo piano il proprio carattere e la propria identità per assecondare un ruolo richiesto dagli altri.

Diritti e libertà 2

Doveri inderogabili

E qui entrano in gioco i doveri. Se la Costituzione stabilisce dei **diritti inviolabili**, prevede però che i cittadini rispettino dei **doveri inderogabili**. I diritti messi a garanzia del buon vivere comune devono essere non soltanto difesi "sulla carta", ma concretamente e quotidianamente applicati nella realtà.

Per fare questo è necessario che chi gode di quei diritti sia disposto a prestare il proprio contributo, senza venire meno all'**impegno** e alla **responsabilità** di fronte agli altri cittadini. Ad esempio, il **lavoro**, come la scuola, è un diritto di ogni cittadino italiano, ma è anche un dovere: ognuno deve svolgerlo in modo tale da assicurare benessere e felicità a se stesso e ai propri familiari, ma anche per contribuire al bene comune della società.

Il **principio di solidarietà** viene esteso dall'articolo 2 della Costituzione all'ambito politico, economico e sociale:

- ogni cittadino è responsabile di come e da chi lo Stato viene governato; **solidarietà politica** significa quindi partecipare alla vita politica, esprimere la propria opinione e scegliere i propri rappresentanti attraverso il voto;
- **solidarietà economica** significa che il mondo del lavoro non deve dimenticare che la ricchezza economica di un Paese deve essere ridistribuita il più equamente possibile;
- **solidarietà sociale** vuol dire che una comunità ha delle regole da rispettare e che venire meno a queste regole mina le sue fondamenta.

Un esempio di solidarietà economica e, al tempo stesso, sociale è **pagare le tasse**: come dice l'**articolo 53** della Costituzione, «Tutti sono tenuti a concorrere alle spese pubbliche in ragione della loro capacità contributiva».

Inderogabile
Termine con cui, nel campo del diritto, si esprime la necessaria obbligatorietà di una regola e quindi l'impossibilità di ammettere eccezioni.

Un limite alle libertà: la legge

Alcuni articoli della Costituzione enunciano un diritto, ma subito dopo ne precisano anche i limiti. Ad esempio, l'**articolo 14** dice: «Il domicilio è inviolabile». Detto così vuol dire che nessuno, in assoluto, può entrare nella casa di un altro senza che questo gli conceda il permesso. Ma l'articolo prosegue: «Non vi si possono eseguire ispezioni o perquisizioni o sequestri, se non nei casi e modi stabiliti dalla legge secondo le garanzie prescritte per la tutela della libertà personale».

Questi accertamenti e ispezioni, si legge più avanti, possono essere condotti per «motivi di sanità e di incolumità pubblica o a fini economici o fiscali». Quindi il diritto inviolabile del domicilio si può "violare" a determinate condizioni: le autorità giudiziarie possono concedere un permesso di perquisizione per controllare, ad esempio, se in un appartamento esistono le **condizioni igieniche** per viverci dignitosamente e senza ammalarsi; oppure per cercare, nel corso di un'**indagine di polizia**, l'arma di un delitto; o ancora per sequestrare qualcosa che viene detenuto in modo illegale, come oggetti rubati o droga.

Insomma, l'eccezione all'inviolabilità del domicilio la stabilisce la **legge**. E sempre la legge ammette che lo possano fare soltanto persone autorizzate – la polizia, i carabinieri, i magistrati – e, soprattutto, solo quando quell'azione è necessaria o utile per garantire i diritti di altre persone o della collettività. Lo stesso si può dire per la **libertà personale**, che viene limitata nei casi di arresto consentito dalla legge. I limiti sono necessari per garantire i diritti di tutti e questo lo sapevano bene i costituenti.

Dunque, libertà e diritti possono essere limitati solo dalla legge.

La libertà religiosa

Tra i diritti inviolabili della persona stabiliti dalla Costituzione figura anche quello di **professare liberamente un proprio credo religioso**. La Repubblica riconosce nella ricerca della fede in una divinità una caratteristica connaturata a tutti gli esseri umani, e quindi non soltanto ai propri cittadini. L'**articolo 8** della Costituzione dice: «Tutte le confessioni religiose sono egualmente libere davanti alla legge».

In Italia tutti – cattolici, protestanti, musulmani, ebrei, buddisti, induisti – possono professare la propria religione. Per esercitare questo diritto è però necessario disporre dei **luoghi di culto** adeguati. La legge in Italia consente che gli appartenenti alle diverse religioni organizzino le proprie pratiche e si riuniscano nei luoghi destinati al culto. Anche a questo diritto ci sono però dei **limiti** imposti dalla legge: una religione non può chiedere ai fedeli di andare contro le norme costituzionali. Ad esempio, nessun motivo religioso può impedire ai bambini di frequentare la scuola; le pratiche di fede non possono mettere a repentaglio la salute delle persone; non si possono rifiutare cure mediche indispensabili per ragioni legate alla religione. Le leggi, inoltre, vietano e puniscono ogni oltraggio alle divinità o ai simboli di qualsiasi religione.

Il rapporto tra Stato italiano e Chiesa cattolica

L'Italia ha una millenaria **tradizione cristiana cattolica**. La storica presenza della Chiesa di Roma e del suo capo, il papa, ha messo radici in modo profondo, oltre che nella cultura, nel modo di pensare degli italiani, molto prima che diventassero cittadini di uno Stato indipendente. Anzi, lo Stato della Chiesa a lungo si oppose al processo di unificazione nazionale. Quando fu ridotto al solo Vaticano e **Roma** fu conquistata e divenne **capitale del nuovo Regno d'Italia (1871)**, passarono molti anni prima che Stato italiano e Chiesa cattolica tornassero a parlarsi. Lo fecero nel **1929**, durante il fascismo, quando Benito Mussolini, capo del governo italiano, firmò un **Concordato** (i cosiddetti **Patti Lateranensi**, perché firmati a Roma nel palazzo del Laterano), con cui lo Stato italiano riconosceva nuovi privilegi alla Chiesa e alla sua organizzazione sul territorio, e soprattutto **dichiarava la religione cattolica "religione di Stato"**. Caduti il fascismo e la monarchia, la Costituzione repubblicana entrata in vigore nel 1948 affermò il principio della **laicità dello Stato**.

Laicità dello Stato

Il principio per il quale nella Costituzione non esiste una religione di Stato ufficiale ed è riconosciuta la libertà di professare qualunque religione, distinguendo nettamente tra la sfera politica e quella religiosa in tutti gli aspetti della vita pubblica, scuola compresa.

ALLA PROVA DEI FATTI — Stato laico: fino a che punto?

Il principio pluralista adottato dalla nostra Costituzione in materia di religione è stato spesso messo in crisi proprio dalla **forte influenza che ancora oggi esercita la Chiesa cattolica nelle nostre istituzioni**. Pur non essendoci espressamente un articolo della Costituzione che fa riferimento al **principio di laicità**, una sentenza del 1989 della Corte costituzionale ha precisato che il senso di quel principio è contenuto in numerosi articoli (oltre che, come abbiamo visto, nel 7 e nell'8, anche nel 2, nel 3, nel 19 e nel 20) e che si tratta di un principio "supremo", non eliminabile neppure mediante il procedimento di revisione costituzionale.

Tuttavia, proprio questo principio di laicità, che prevede non possano esserci intromissioni e interferenze tra le azioni dello Stato e della Chiesa, è stato più volte negato, anche in anni recenti. Su alcune proposte di legge che hanno forti implicazioni etiche – come quelle sulla procreazione assistita e sul testamento biologico – il peso delle posizioni ufficiali espresse dal mondo ecclesiastico cattolico ha fortemente **condizionato il dibattito parlamentare e gli effetti legislativi**. Allo stesso modo restano vive le polemiche sul finanziamento privilegiato delle scuole private di ispirazione cattolica.

L'**articolo 7** infatti dice: «Lo Stato e la Chiesa cattolica sono, ciascuno nel proprio ordine, indipendenti e sovrani. I loro rapporti sono regolati dai Patti Lateranensi. Le modificazioni dei Patti, accettate dalle due parti, non richiedono procedimento di revisione costituzionale».

Ci vollero poi ancora quasi quarant'anni prima che gli accordi tra Stato italiano e Chiesa cattolica venissero rivisti e aggiornati: dal **1984 la religione cattolica non è più religione di Stato** e il suo insegnamento nelle scuole non è più obbligatorio; inoltre, al contrario di quanto avveniva prima, il sostegno finanziario è diventato una libera scelta dei cittadini, che ogni anno possono chiedere di destinare alla Chiesa cattolica l'**8 per mille** delle imposte che versano alle casse dello Stato. In seguito questa scelta è stata applicata anche ad altre confessioni religiose.

TEMI PER RIFLETTERE

CROCIFISSO E VELO

Nel **2006** una signora italiana di origine finlandese presentò un ricorso alla Corte di Giustizia europea per chiedere di **togliere i crocifissi** dalle aule della scuola frequentata dai figli. La presenza del Cristo in croce, simbolo della religione cattolica, era considerata un'ingerenza incompatibile con la libertà di pensiero e il diritto a un'educazione e a un insegnamento laico.

La risposta della Corte di Strasburgo, che arrivò tre anni dopo, nel **2009**, dava ragione alla signora.

L'indignazione da parte del mondo cattolico italiano spinse il governo a chiedere alla Corte europea di pronunciarsi una seconda volta sul tema. La seconda sentenza, nel marzo del **2011**, rivedeva la sua originaria posizione e concludeva che la presenza del crocifisso nelle scuole non violava i diritti umani, perché non poteva essere considerato un «indottrinamento da parte dello Stato». La Corte precisava però che non era sua competenza prendere posizione nel dibattito sul valore del crocifisso come simbolo.

In anni più recenti la presenza sempre più diffusa in Europa di **musulmani** praticanti ha portato in evidenza la questione del **velo**. Le donne musulmane praticanti lo indossano, seguendo alcune prescrizioni del Corano. Fino a non molti anni fa, anche le donne cattoliche erano tenute a coprirsi i capelli e parte del volto quando entravano in Chiesa, ma in Occidente la presenza di donne velate, in particolar modo di quelle che indossano veli che lasciano scoperti solo gli occhi, ha suscitato diffidenza, spesso paura, della diversità.

In alcuni Paesi europei, come la **Francia**, **è vietato esibire in uffici pubblici** – e quindi anche nelle scuole – **simboli di natura religiosa**, compreso il velo islamico. In Italia non si è mai arrivati all'approvazione di una legge.

Da un punto di vista costituzionale, non sarebbe possibile vietare il velo, che è una manifestazione di fede, secondo l'**articolo 19**: «Tutti hanno diritto di professare liberamente la propria fede religiosa in qualsiasi forma, individuale o associata, di farne propaganda e di esercitarne in privato o in pubblico il culto, purché non si tratti di riti contrari al buon costume».

Può succedere però che il velo non sia tanto una scelta propria di chi lo indossa, ma un'**imposizione** di un ambiente o di una famiglia. Per molti genitori islamici, infatti, rinunciare al velo significa tradire le proprie usanze e tradizioni, e lasciarsi corrompere da una cultura diversa. Anche questo in fondo è un modo di pensare carico di pregiudizi, pieno di timori verso la diversità. Bisogna però evitare di equiparare il velo a un simbolo di ignoranza: per chi ha fede può essere importante indossarlo; ed è altrettanto sbagliato avere la presunzione di pensare che una ragazza "velata" trovi emancipazione vestendosi all'occidentale.

La difesa dei diritti nel mondo: le organizzazioni internazionali

Sono molte le organizzazioni internazionali che denunciano le **violazioni dei diritti umani** nel mondo e intervengono con **pressioni sui governi** nei casi in cui si verifichino situazioni che lo richiedono.

La più importante, lo abbiamo detto, è l'**ONU**, che comprende 193 Stati del mondo. La missione dell'ONU è quella di far cooperare gli Stati per favorire lo sviluppo economico, il progresso socio-culturale, la sicurezza e il rispetto dei diritti umani nel mondo. L'organo istituzionale è l'**Assemblea generale**, composta dai rappresentanti di tutti i membri aderenti, cinque per Stato. L'organo esecutivo dell'ONU è il **Consiglio di sicurezza**, costituito da 15 Stati, di cui 5 (Cina, Russia, Regno Unito, Stati Uniti e Francia) permanenti e gli altri 10 eletti dall'Assemblea ogni due anni. Il Consiglio ha il potere di decidere come comportarsi nel caso in cui uno degli Stati membri sia colpevole di aver infranto le regole e costituisca una minaccia per la pace.

All'interno dell'ONU sono attive altre associazioni, come la **FAO**, che si occupa di tutelare il diritto alla vita e di combattere la fame nel mondo, e l'**UNHCR**, l'Alto commissariato per i rifugiati, che assiste chi fugge dal proprio Paese a causa di guerre o persecuzioni e verifica che sia rispettato il **diritto d'asilo**.

Un'altra importante associazione internazionale che si batte per la difesa dei diritti umani è **Amnesty International**, sostenuta dalla partecipazione e dall'autofinanziamento di liberi cittadini e che, dal 1961, anno della sua fondazione, si è distinta per importanti campagne di **informazione e sensibilizzazione**, per le attività di raccolta di firme e pressione sui governi.

> **Diritto d'asilo**
>
> Diritto di antica tradizione che prevede che una persona che viene perseguitata nel suo Paese d'origine possa trovare ospitalità e protezione sotto l'autorità di un Paese straniero.

Diritti e libertà

ALLA PROVA DEI FATTI: Diritti negati

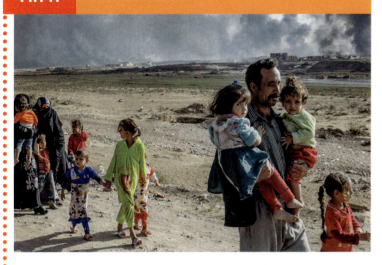

La *Dichiarazione universale dei diritti dell'uomo* ha circa settant'anni ma per molti esseri umani del Pianeta molti diritti che altrove sono talmente acquisiti da sembrare "naturali" sono ancora conquiste molto lontane da ottenere.

Nel mondo, ogni giorno, vi sono uomini, donne e bambini che si trovano a fare i conti con la **povertà** e la **fame**. Ogni anno muoiono di fame da 5 a 20 milioni di persone perché non hanno da mangiare o si nutrono male, con alimenti poveri di proteine e vitamine. La **malnutrizione** provoca perdita di peso negli adulti, gravi disturbi dello sviluppo nei bambini e, in entrambi, un grave indebolimento delle difese immunitarie: i loro organismi malnutriti sono incapaci di bloccare le infezioni.

Pur senza arrivare ai numeri drammaticamente elevati di continenti come l'Africa, il Sudamerica o l'Asia, anche nel nostro Paese sono in forte aumento le persone che vivono in condizione di povertà e che sono sempre più esposte a malattie.

Vi sono poi coloro che vivono in regioni devastate dalla **guerra**, che siamo ormai abituati a vedere in televisione o al computer come se si trattasse di un film, quasi confondendo realtà e finzione. Ma in quei luoghi il diritto alla vita viene quotidianamente negato.

1948: Eleanor Roosevelt, moglie del presidente statunitense Franklin Delano Roosevelt e sostenitrice dei diritti umani, mostra la *Dichiarazione universale dei diritti dell'uomo* nella versione spagnola.

DIRITTI UMANI FATTI E CIFRE 2015

Nel 2015, Amnesty International ha registrato e indagato violazioni dei diritti umani in 160 paesi e territori nel mondo. In alcuni paesi continuano i progressi, ma molte persone e comunità continuano a subire violazioni dei diritti umani.

Almeno 113 paesi hanno imposto arbitrariamente restrizioni alla libertà di espressione e di stampa.

Più di 60 milioni di persone nel mondo sono state allontanate dalle loro case (dati UNHCR).

30 o più paesi hanno illegalmente costretto i rifugiati a tornare in paesi dove sarebbero stati in pericolo..

Gruppi armati hanno commesso violazioni dei diritti umani almeno in 36 paesi.

Amnesty International, «un movimento di persone determinate a creare un mondo più giusto», pubblica ogni anno un rapporto sulla violazione dei diritti umani nel mondo.

Laboratorio

Conoscenze

1 Un diritto è:
- a una cosa che tutti possono fare.
- b una cosa che puoi fare senza che nessuno te lo possa impedire.
- c una cosa che devi fare per forza.

2 "Inviolabile" significa "che non si può *violare*", un verbo che deriva da una parola latina: quale?
- a Via
- b Viola
- c Violenza

3 Ogni cittadino gode di alcuni diritti, ma è tenuto anche a rispettare dei doveri, secondo il principio di solidarietà, che può essere di vario tipo: sociale (S), economico (E) o politico (P). Scrivi nello spazio a quale o a quali tipologie di solidarietà appartengono le azioni elencate.

- a. Pagare le tasse: ....
- b. Fare la raccolta differenziata dei rifiuti: ....
- c. Parcheggiare l'auto nelle aree consentite: ....
- d. Andare a votare: ....
- e. Chiedere lo scontrino fiscale: ....

4 In quale anno vennero firmati i Patti Lateranensi?
- a 1861
- b 1929
- c 1984

5 Il pluralismo è:
- a la pacifica convivenza e la reciproca tolleranza di gruppi con identità culturali, politiche o religiose diverse in una stessa società.
- b il contrario dell'individualismo.
- c la possibilità di scegliere tra diversi partiti politici.

6 Quali dei seguenti Stati non fanno parte, come membri permanenti, del Consiglio di sicurezza dell'ONU?
- a Francia
- b Russia
- c Italia
- d India
- e Stati Uniti

Competenze

7 Commenta il seguente passo, tratto dalla *Dichiarazione di indipendenza* degli Stati Uniti (1776).

«Noi riteniamo che sono per se stesse evidenti queste verità: tutti gli uomini sono creati uguali. Il Creatore li ha dotati di alcuni diritti inalienabili, tra i quali vi sono la vita, la libertà e la ricerca della felicità. I governi sono stati istituiti tra gli uomini per garantire questi diritti e derivano i loro giusti poteri dal consenso dei governati. Ogniqualvolta una qualsiasi forma di governo tende a negare questi fini, è diritto del popolo mutarla o abolirla e istituire un nuovo governo, che si fondi su quei princìpi e che abbia i propri poteri ordinati nel modo che al popolo sembri più idoneo al raggiungimento della sua sicurezza e della sua felicità».

8 Alcuni atti di bullismo vengono esercitati nel mondo virtuale dei social network. Cerca informazioni su alcuni casi in cui la prevaricazione e la molestia avvengono via Internet.

Compito di realtà

Sounds of Freedom DJ
Programmare una trasmissione radiofonica sull'argomento "Musica e libertà"

1 Le canzoni come manifesto di pensiero

Le **canzoni** sono spesso l'espressione di **sentimenti** comuni a tutti. Lo sono quando toccano le corde dell'**amore** o della **passione** ma anche quando affrontano temi più "impegnati", come le **lotte politiche** o le **rivendicazioni sociali**. Capita che alcune canzoni, proprio per questa loro forza simbolica ed evocativa, diventino addirittura degli inni, dei "**manifesti di pensiero**" cantati da tutti, a volte anche in manifestazioni collettive.

La **libertà** è un tema ricorrente e attraversa nella canzone popolare diversi stili musicali. Si pensi alle canzoni della **Resistenza**, o a quelle legate al periodo agli anni Sessanta e Settanta e ai **movimenti di protesta giovanili**; e poi alla lunga tradizione della canzone d'autore italiana e straniera, in particolar modo ai *folksingers* americani, da **Bob Dylan** (premio Nobel per la letteratura nel 2016) a **Bruce Springsteen**; o ancora al mondo del **rock** o, per arrivare ai nostri giorni, al repertorio della musica **rap**, che nasce, come era stato negli anni Sessanta, per dare voce a rabbie e speranze del mondo giovanile. In tutte queste diverse espressioni è possibile rintracciare un filo rosso comune sul **tema della libertà**, o meglio delle libertà. Che, come abbiamo visto nella Lezione appena studiata, possono avere differenti declinazioni: libertà individuali e libertà di un popolo, libertà di pensiero e libertà politiche.

2 On air ("in onda")

Una **radio locale** mette a disposizione della classe **un'ora del suo palinsesto** per mandare in onda una **trasmissione sul tema della libertà nelle canzoni**. La classe deve programmare la scaletta di trasmissione, scegliendo 10 brani musicali e preparando le presentazioni dei testi e degli autori.

Al termine della trasmissione gli studenti scriveranno, dopo averlo discusso e condiviso, un **comunicato-stampa** in cui racconteranno la loro esperienza di DJ.

3 Le fasi del compito

a. Un gruppo di studenti – tre o quattro, quelli più esperti nella materia musicale – prepara una selezione di **30 canzoni**, appartenenti a vari generi musicali (pop, rock, rap ecc.). Devono essere presenti **canzoni italiane e straniere**; si consiglia di scegliere le canzoni da YouTube.

b. Tutti insieme in classe ascoltate le 30 canzoni scelte. Ogni studente sceglie **5 canzoni**, dando un punteggio da 5 a 1, in ordine di preferenza. La somma dei voti e dei punteggi di tutta la classe determinerà le 10 canzoni scelte per il programma.

c. La classe si divide in 10 gruppi, uno per canzone.

d. Ogni gruppo, per ciascuna canzone, prepara una **scheda di presentazione**. La scheda – un testo di massimo **due minuti** di lettura – deve contenere:
- il nome dell'**autore**;
- l'**anno** in cui è stata composta la canzone;
- la spiegazione del **testo** della canzone, con particolare attenzione alle parole o alle frasi che parlano dell'argomento libertà.

e. Strutturate la **scaletta** di trasmissione in ordine cronologico, dalla canzone più vecchia alla più recente.

f. In classe, con un collegamento Internet, si simulerà una **trasmissione radiofonica**; un rappresentante per gruppo presenterà la canzone e la manderà "in onda".

> *"La Repubblica protegge la maternità, l'infanzia e la gioventù."*

Lezione 3
La famiglia

La più piccola "formazione sociale"

Parentela
Relazione costituita da un legame biologico tra persone che hanno in comune un antenato.

In natura esistono le **cellule**, che sono gli elementi più semplici di un organismo vivente. In una società qualcosa di simile è la **famiglia**, quella forma naturale dello stare insieme che gli uomini sperimentano da secoli e secoli.

Nella famiglia un gruppo di persone vive insieme unito da legami di **parentela**, come il rapporto padre-figlio o fratello-sorella, o da legami stabiliti dalla legge, come il **matrimonio**. La famiglia è da sempre la risposta al bisogno di non essere soli, di dare e ricevere affetto, di sostenersi a vicenda. La famiglia, nella lunga storia dell'uomo, ha sempre rappresentato un elemento fondamentale in ogni forma sociale.

L'importanza della famiglia è riconosciuta dalla nostra Costituzione. Nell'**articolo 29**, il primo del *Titolo II. Rapporti etico-sociali* tra i cittadini, si legge che «La Repubblica riconosce i diritti della famiglia come società naturale fondata sul matrimonio».

LA SCELTA DELLE PAROLE — SOCIETÀ NATURALE

La famiglia è la formazione sociale più antica, diffusa e radicata; è una "società naturale" che si è formata con l'uomo e che si è evoluta con lui. Uno Stato può soltanto riconoscerne l'importanza fondamentale e cercare di regolarne il funzionamento.

Prima che la famiglia entrasse nel testo della Costituzione, sembrava che un ordinamento pubblico non ne potesse stabilire le forme e le regole. Ma proprio perché è un'espressione naturale del vivere umano e all'interno di essa «si svolge la personalità di un individuo» (vedi articolo 2), la Costituzione ha cura di occuparsi della famiglia e tutelane i **diritti** in quanto esempio più elementare e spontaneo di «formazione sociale».

La famiglia Gonzaga ritratta da Andrea Mantegna nel 1465-1474.

La famiglia 3

Le basi del diritto di famiglia

La scelta di inserire il tema della famiglia all'interno della carta costituzionale è stata una **decisione coraggiosa**. Che cosa sia una famiglia, quali siano le condizioni e le regole che la definiscono sono principi che mai erano stati affrontati nella storia giuridica dello Stato italiano e che non si ritrovano nei testi che fondano le identità costituzionali di altri Stati. Non per niente, sul tema di inserire o meno "un'idea di famiglia" nella Costituzione ci fu un **lungo e combattuto dibattito** nel corso dei lavori dell'Assemblea costituente. E negli anni seguenti, e ancora ai nostri giorni, tutte le leggi che riguardano l'ambito familiare sono motivo di forti discussioni politiche e, più in generale, morali. È infatti un argomento delicato, al confine tra la sfera privata e quella pubblica.

Alla fine della discussione dell'Assemblea costituente passò il concetto che si dovessero tracciare dei **principi generali** che servissero da orientamento a chi, negli anni a seguire, avrebbe dovuto pensare e attuare nuove leggi e regolamenti riguardanti la famiglia e la naturale predisposizione delle persone a vivere insieme.

Oltre all'articolo 29, anche il **30** e il **31** si occupano di formulare appunto "un'idea di famiglia", la fondano sull'**eguaglianza morale e giuridica dei coniugi** e stabiliscono le tutele per salvaguardarla, soprattutto a protezione dei figli, anche se nati fuori dal matrimonio. A rafforzamento di questi principi generali si aggiunge l'**articolo 36**, relativo ai "rapporti economici": «Il lavoratore ha diritto ad una retribuzione proporzionata alla quantità e qualità del suo lavoro e in ogni caso sufficiente ad assicurare a sé e alla famiglia un'esistenza libera e dignitosa».

ALLA PROVA DEI FATTI

"Metter su" famiglia

Proprio l'**articolo 36** della Costituzione ci fa riflettere su quanto sia sempre più difficile in questi anni poter contare su condizioni sociali ed economiche che consentano di costruire con serenità un futuro familiare. I giovani fanno sempre più fatica a entrare nel mondo del lavoro e a ottenere rapidamente un'autonomia economica e quindi a investire sulla costruzione di un nucleo familiare. Senza un lavoro, è difficile poter vivere in una casa indipendente, comprandola o anche soltanto affittandola, e decidere di "metter su" famiglia, cioè di dividere la propria vita con un'altra persona ed eventualmente fare dei figli. Infatti, sono sempre più numerosi i giovani che continuano a vivere in casa coi genitori. E chi invece "esce di casa" e fonda un **nuovo nucleo familiare** spesso rinuncia ad avere a sua volta dei figli, o li fa in età molto più avanzata di prima. In particolare, le donne devono confrontarsi con un mondo del lavoro che quasi sempre non facilita la scelta di essere lavoratrice e al contempo madre.

Tutto questo porta alla **diminuzione della natalità**: ogni anno nascono in Italia sempre meno bambini. L'**indice di fecondità** è tra i più bassi d'Europa: le donne italiane fanno 1,29 figli in media a testa e la media si alza per il contributo delle donne di cittadinanza straniera che vivono in Italia (1,97 figli a testa). Questo significa che, oltre a esserci cause economiche, nella decisione di fare meno figli entrano in gioco anche aspetti culturali. La **bassa natalità** è tuttavia un **rischio** per un Paese che non ha ricambio generazionale e invecchia sempre di più. In altre realtà europee, neppure tanto lontane dall'Italia dal punto di vista sociale e culturale, come ad esempio la Francia, si sono attuate politiche sociali nel campo fiscale (detrazioni per le famiglie che decidono di fare figli), assistenziale (un diffuso sistema di asili nido) e nel mercato del lavoro (le lavoratrici francesi hanno meno problemi professionali delle italiane quando scelgono di fare l'esperienza della maternità) che negli ultimi anni hanno fatto risalire in modo significativo il tasso di natalità.

Famiglia patriarcale
• Società contadina
• Patriarca al vertice
• Tanti componenti sotto uno stesso tetto
• Molti figli
• Donne in ruolo subordinato

Famiglia nucleare
• Società urbana e industriale
• Marito e moglie, con ruoli teoricamente paritari
• Pochi figli
• A volte si generano famiglie allargate

Famiglie di ieri e di oggi

Fino a non molti decenni fa, il modello di famiglia prevalente in Italia era la **famiglia patriarcale**, tipica nella società contadina: in essa i figli, anche quando si sposavano e facevano a loro volta figli, restavano a far parte di un **grande gruppo** al cui vertice stava il componente più anziano, il **patriarca**, che poteva essere il padre o il nonno o il fratello maggiore. A costui tutti portavano rispetto e obbedienza quasi assoluta. I figli erano numerosi perché servivano molte **braccia per coltivare la terra**. Si viveva tutti sotto uno stesso tetto e senza molte comodità. Anche se svolgevano una funzione fondamentale, le **donne** avevano un **ruolo subordinato** nel sistema della famiglia patriarcale. Era un sistema **chiuso**, che ripeteva di generazione in generazione il suo stesso modello, ma era anche basato sull'**aiuto reciproco**: le donne e gli anziani si occupavano dei piccoli e, a loro volta, gli anziani e i malati venivano accuditi dai più giovani.

Con l'affermarsi della **cultura urbana** e ancora di più nell'**età industriale**, la famiglia si trasformò profondamente fino a diventare quello che tutti noi abbiamo in mente: la **famiglia nucleare**, composta esclusivamente da **genitori e figli**, raramente più di due o tre.

La trasformazione del lavoro e delle condizioni abitative (in città le case sono più piccole) ha fatto sì che gli anziani, o altri membri della famiglia originaria (zii e altri parenti), costituissero sempre più nuclei a sé stanti e autonomi. A differenza della famiglia patriarcale, in cui i legami di sangue rendevano quasi indissolubile il rapporto parentale, le famiglie nucleari sono più soggette a una rottura e quindi a un'ulteriore frammentazione dei nuclei familiari.

La possibilità di ricreare una famiglia, dopo una separazione o un divorzio, aumenta tuttavia la **complessità delle forme** delle famiglie attuali, le cosiddette "**famiglie allargate**", in cui possono convivere, in una nuova relazione semi-parentale, figli di precedenti matrimoni.

Matrimonio
Il termine contiene nella sua radice le parole latine *mater* ("madre") e *munus* ("dovere", "impegno").

Che cos'è il matrimonio?

Il testo della Costituzione, nel secondo comma dell'**articolo 29**, dice: «Il matrimonio è ordinato sull'eguaglianza morale e giuridica dei coniugi, con i limiti stabiliti dalla legge a garanzia dell'unità familiare».

Cerchiamo di spiegare questo passo. Nell'antica Roma, il termine **matrimonio** indicava il legame, di sangue e di dedizione, che univa una madre ai propri figli; il *patrimonium* era invece il dovere di un padre di provvedere al sostentamento della famiglia. La parola *matrimonio* passò poi a indicare il legame riconosciuto di un uomo e una donna, e ancora oggi indica quell'impegno stabile di convivenza, di reciproco rispetto e di solidarietà che un uomo e una donna si assumono al cospetto di una comunità civile, che ne registra la validità.

Il matrimonio si dice **civile**, se celebrato davanti a un rappresentante dello Stato (un sindaco, un assessore, un consigliere comunale); se celebrato in presenza di un sacerdote, il matrimonio assume anche un significato **religioso**. In base a un accordo tra Stato e Chiesa, il matrimonio celebrato da un religioso ha anche una validità civile, in quanto viene registrato come atto pubblico. A differenza del matrimonio civile, che può essere sciolto da un Tribunale con processo di **divorzio**, quello religioso è considerato **indissolubile**: per annullarlo è necessario il ricorso a un Tribunale ecclesiastico.

La famiglia 3

Uguaglianza morale e giuridica nella coppia

Quando fu scritta la Costituzione, per la società italiana la famiglia *era* il matrimonio: non c'erano quasi altri modelli di convivenza. La formula "con i limiti stabiliti dalla legge" lasciava però aperta la possibilità di adattare in futuro quell'idea di "unità familiare". Ce n'era bisogno. Non bastò infatti affermare in un articolo della Costituzione che in famiglia dovesse esserci «eguaglianza morale e giuridica». Solo nel 1975 la **riforma del diritto di famiglia** modificava, ad esempio, la condizione della donna nei rapporti tra coniugi e di fatto garantiva quel principio che i padri costituenti avevano indicato quasi trent'anni prima: con l'**abolizione del capofamiglia**, la donna e l'uomo acquisivano pari diritti e doveri e, ad esempio, il marito non poteva più essere il solo a decidere dove fissare la residenza della famiglia, o a fare le scelte per l'educazione dei figli, o a gestire l'economia della famiglia.

In un altro caso le leggi erano dovute intervenire per adeguare i principi fondamentali sulla famiglia alla realtà storica della società. Nella Costituzione non si diceva infatti che il legame di matrimonio, benché considerato principio fondamentale per costituire una famiglia, fosse indissolubile. Infatti nel **1970** entrò in vigore la **legge sul divorzio**, che regolamentava i casi di scioglimento del matrimonio.

TEMI PER RIFLETTERE

SEPARAZIONE E DIVORZIO

Nel 1970 la **legge sul divorzio** consentiva a una coppia sposata di sciogliere i legami civili di fedeltà al coniuge e di obbligo di coabitazione. La sua entrata in vigore fu **molto criticata e osteggiata** da parte del mondo cattolico, che la interpretava come un colpo mortale al vincolo "sacro" dell'unione tra un uomo e una donna, garanzia di stabilità sociale e morale di una comunità. Gli italiani, chiamati a esprimere la loro opinione su quella legge con il **referendum popolare del 1974**, decisero però di non abrogarla. Da quel momento il matrimonio civile può essere sciolto da un procedimento di **separazione legale** che può trasformarsi in seguito in **divorzio** e consentire agli ex coniugi di legarsi in un nuovo matrimonio. Come abbiamo già detto, il matrimonio religioso resta invece indissolubile e può essere annullato solo da un Tribunale ecclesiastico.

La legge sul divorzio venne modificata una prima volta nel **1987**: i cinque anni di separazione legale dei coniugi necessari allo scioglimento del matrimonio vennero ridotti a **tre anni** e soprattutto venne meglio specificato l'obbligo di sostenere il coniuge economicamente più debole attraverso un **assegno di mantenimento**. Un'ulteriore modifica avvenne nel **2006**: troppe volte era successo che l'affidamento dei figli minori a uno dei due coniugi fosse divenuto oggetto di contesa, con gravi conseguenze proprio sui diritti dei figli. Oggi la legge prevede che, quando una coppia si separa, i genitori debbano continuare entrambi a occuparsi dei figli. Soltanto in casi molto gravi e a seguito di giustificati motivi, il giudice concede l'affidamento esclusivo a un solo genitore. Ma anche in questo caso, al genitore a cui non viene affidato il figlio non può venire sottratto il diritto di vederlo.

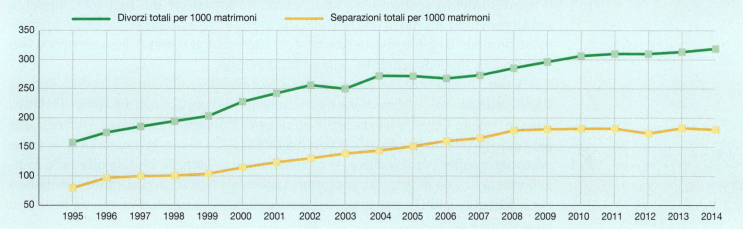

Nuove forme di convivenza: convivenze di fatto e unioni civili

Negli ultimi decenni sono molte le coppie che scelgono di convivere senza regolamentare la propria unione con l'istituto giuridico del matrimonio. In termini giuridici queste sono dette **convivenze di fatto** e lo Stato riconosce a esse una parte dei diritti di famiglia, soprattutto in relazione ai figli nati da coppie non sposate, che sono in tutto equiparati a quelli nati da genitori regolarmente legati in matrimonio. Le coppie non sposate non possono invece beneficiare di altri diritti, come ad esempio percepire una pensione di reversibilità, nel caso di scomparsa di uno dei due componenti, o trasferire i benefici di un'assicurazione sul compagno.

Nel **2016** è entrata in vigore la **legge sulle unioni civili**, che regolamenta le convivenze tra persone dello stesso sesso. Questo istituto giuridico, approvato dopo un lungo e dibattutissimo percorso parlamentare, estende alle **coppie omosessuali** la quasi totalità dei diritti e dei doveri previsti dal matrimonio.

I doveri dei coniugi

Abbiamo detto che la Costituzione stabilisce la **parità morale e giuridica dei due coniugi**, senza differenza di sesso, come era stato a lungo a scapito della donna. I coniugi hanno **doveri reciproci** da rispettare: devono essere di aiuto l'uno all'altro, devono assistersi nel caso di necessità e devono essere fedeli al proprio compagno.

Ma soprattutto i genitori hanno dei **doveri nei confronti dei figli (articolo 30)**. Di comune accordo, i genitori esercitano la loro autorità sui figli che non hanno ancora raggiunto la maggiore età, i 18 anni. Si chiama **potestà** e, quando a esercitarla era esclusivamente il padre, veniva chiamata **patria potestà**. I genitori possono quindi prendere le decisioni per conto dei figli in materia di educazione, salute, istruzione, a volte anche in modo contrapposto ai figli. Tuttavia in questo loro esercizio di "potere" non possono prevaricare le naturali inclinazioni o le legittime aspirazioni dei figli.

Patria potestà
L'autorità concessa in origine al solo padre, ora anche alla madre (e infatti si chiama oggi "potestà genitoriale"), di proteggere, educare e istruire un figlio minorenne.

I diritti e i doveri dei figli

Quello che è un dovere da parte dei genitori è un **diritto per i figli**, che, in quanto minori, sono ritenuti dallo Stato la parte più debole della famiglia, e quindi bisognosa di maggiori attenzioni. Innanzitutto il primo diritto per un figlio è quello di avere un nome e un cognome, vale a dire un'**identità**. Per tradizione il cognome trasmesso ai figli è quello paterno, ma negli ultimi anni è ammesso, in accordo tra i genitori, di scegliere anche quello materno.

Il **mantenimento economico**, l'**educazione** e l'**istruzione dei figli** sono talmente fondamentali all'interno di una famiglia che lo Stato impone che sia garantito il rispetto anche quando i genitori decidano di separarsi: essi non cessano di essere per questo responsabili, in modo **solidale**, della crescita dei figli.

L'**articolo 31** della Costituzione dice: «La Repubblica agevola con misure economiche e altre provvidenze la formazione della famiglia e l'adempimento dei compiti relativi, con particolare riguardo alle famiglie numerose. Protegge la maternità, l'infanzia e la gioventù, favorendo gli istituti necessari a tale scopo». Si prevede quindi che lo Stato possa intervenire per sostenere economicamente le famiglie in difficoltà nello svolgimento del ruolo di genitori, soprattutto quando i figli sono così numerosi da non poter garantire a tutti un'adeguata assistenza sia nel loro mantenimento sia nella loro educazione e istruzione.

Affido familiare

Un minore viene accolto per un periodo di tempo determinato presso una famiglia o una comunità, nel caso in cui la famiglia di origine non riesca temporaneamente a prendersi cura dei figli.

Adozione

La legge consente a un minore di diventare figlio legittimo di una famiglia diversa da quella originaria, nel caso questa sia venuta a mancare oppure come conseguenza di uno stato di maltrattamento o di abbandono.

Soltanto in casi estremi, lo Stato prevede di intervenire con altri strumenti come l'**affido familiare** o l'**adozione** per tutelare la crescita dei figli minori che non possono essere seguiti dalle famiglie.

I **figli** hanno invece il dovere di **rispettare i genitori**; di non causare danni alle persone e alle cose dal momento che, per legge, i genitori sono ritenuti responsabili delle azioni dei figli minorenni; di accettare le scelte che vengono prese per la loro educazione e di contribuire e collaborare allo svolgimento della vita familiare. I figli minorenni non possono abbandonare la casa dei genitori senza il loro consenso.

TEMI PER RIFLETTERE

FAMIGLIA E POPOLAZIONE: COME CAMBIANO I RAPPORTI

Secondo il **censimento del 2011**, il numero degli italiani che risultano risiedere in un nucleo familiare è di 59.132.045 e il numero delle famiglie è di 24.611.766.

Negli ultimi quarant'anni i censimenti dicono che il numero medio di componenti delle famiglie italiane continua a diminuire.

Il censimento del 1971 registrava il 21,5% di famiglie numerose, percentuale precipitata al 5,7 nel 2011. Nello stesso arco di tempo le famiglie unipersonali sono passate dal 12,9% al 31,2%. Ciò significa che quasi una famiglia su tre risulta composta da un'unica persona. È la conseguenza di significativi mutamenti demografici e sociali:

- il progressivo **invecchiamento della popolazione**: le persone vivono più a lungo e gli anziani, al contrario di un tempo quando rimanevano a far parte del nucleo familiare composto dai figli, vivono da soli, facendo famiglia a sé;
- l'**aumento delle separazioni e dei divorzi**: da un nucleo familiare, dopo la rottura del matrimonio, ne nascono spesso due;
- l'arrivo di **cittadini stranieri** che, almeno nelle fasi iniziali, vivono in famiglie unipersonali.

Con il passare dei decenni, le famiglie tendono a essere sempre più "piccole": nel 1971 una famiglia era mediamente composta da 3,3 persone, nel 2011 da 2,4.

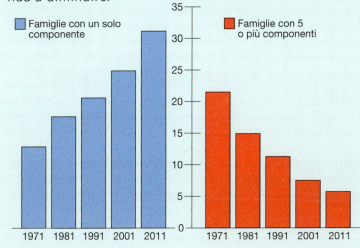

Laboratorio

Conoscenze

1 Attribuisci in modo corretto le caratteristiche particolari della famiglia patriarcale (fp) e di quella nucleare (fn).

a. Ha un elevato numero di figli. [fp] [fn]
b. È tipica della società urbana e industriale. [fp] [fn]
c. Le donne hanno un ruolo subordinato. [fp] [fn]
d. Il componente maschio più anziano è il membro più autorevole. [fp] [fn]

2 Completa nel modo corretto la seguente frase.

Il matrimonio si dice ...., se celebrato davanti a un rappresentante dello .... (un sindaco, un assessore, un consigliere comunale); se celebrato in presenza di un ...., il matrimonio assume anche un significato ....

3 Da quale anno in una coppia sposata l'uomo e la donna hanno acquisito pari diritti e pari doveri?

[a] 1948   [b] 1975   [c] 1984

4 Indica se le seguenti affermazioni sono vere o false.

a. Il matrimonio religioso è considerato indissolubile. [v] [f]
b. Nell'antica Roma il matrimonio era l'istituto che obbligava una madre a provvedere al sostentamento della famiglia. [v] [f]
c. Fino al 1975 per il diritto di famiglia, contrariamente a quanto era prescritto nella Costituzione, il capofamiglia era il marito. [v] [f]

5 Abbina correttamente i tipi di provvedimenti presi da Stati stranieri per risolvere il problema della bassa natalità ai rispettivi ambiti di azione.

a. Diffusione degli asili nido
b. Facilitazioni alle madri lavoratrici
c. Detrazioni alle famiglie che hanno più figli

1. Mercato del lavoro
2. Fiscale
3. Assistenziale

Competenze

6 Cerca, con la funzione ricerca automatica, l'espressione "formazione sociale" nel testo della Costituzione. Poi rispondi oralmente alle domande.

a. Quante volte ritorna questa espressione?
b. A proposito di quali argomenti?
c. Elenca tutte le possibili e specifiche formazioni sociali che vengono menzionate nella Costituzione.

7 Descrivi oralmente con parole tue che cosa sono le convivenze di fatto e che cosa garantiscono alla coppia non sposata.

8 Esponi oralmente la differenza tra adozione e affido familiare.

Compito di realtà

Ritratti di famiglia
Organizzare una mostra fotografica sulla propria famiglia

1 Quasi un genere iconografico

La **famiglia** è un istituto che dura da millenni. Cambiano le epoche storiche, cambiano i contesti culturali, ma la famiglia è il primo nucleo di affetti e relazioni, la prima cellula della vita sociale di un individuo. La famiglia è stata molte volte "fermata" artisticamente in un **quadro**: pensate alla lunga e illustre tradizione della rappresentazione della **Sacra Famiglia**, da Michelangelo (il *Tondo Doni*) a Raffaello; o ai **dipinti dinastici** di famiglie di regnanti; o ancora ai ritratti di famiglie nobili e borghesi dell'Ottocento.

La moda di ritrarre in posa il nucleo familiare si è poi trasferita, in tempi moderni, alla **fotografia**. I **fotografi professionisti** lavoravano per tutti i ceti sociali e ritraevano negli austeri interni di palazzi le famiglie di industriali, oppure scattavano, in particolari ricorrenze – matrimoni, cresime, battesimi... – ritratti in studio con gli sfondi dipinti. Ma c'erano anche i **fotografi ambulanti**, che giravano per paesi e campagne della provincia per immortalare grandi famiglie patriarcali contadine, in fiera posa davanti alla casa rurale. Dall'ambito professionale si è poi passati al fai-da-te delle foto di famiglia, prima con le pellicole o le istantanee, poi con le macchine digitali e adesso anche con gli smartphone.

2 La ricerca delle fotografie e la mostra

In ogni casa, magari nascoste nei cassetti, si possono trovare vecchie fotografie, raccolte in album rilegati o sparse in scatole di latta o di cartone. Sono le foto del passato familiare: quelle dei **genitori**, dei **nonni**, a volte addirittura dei **bisnonni**. Per ragazzi della vostra età, nati nell'era digitale, è forse più facile trovare un cd o una pagina Facebook con le vostre immagini di quando eravate piccoli.

Recuperate questo materiale fotografico, fate una **selezione** di immagini e organizzatelo in una **mostra**.
A concludere la selezione, realizzerete con un *selfie* il ritratto della vostra famiglia.
L'obiettivo finale è **commentare** le immagini, mettendo in evidenza i cambiamenti più evidenti nei soggetti ritratti – volti, abbigliamento, acconciature, il contesto in cui è stata scattata la foto – ma anche le eventuali analogie o somiglianze.

3 Le fasi del compito

a. La ricerca deve essere svolta da **singoli studenti**.
b. Cerca in casa tua delle fotografie di famiglia. Vanno bene tutte le foto che riguardano figure della storia familiare: genitori, nonni, bisnonni, zii, nipoti, cugini, genitori o fratelli acquisiti; meglio ancora se si trovano foto collettive.
c. Scegli dalle 5 alle 10 immagini.
d. Per ogni immagine, scrivi una didascalia che indichi il **nome** e la **parentela** dei personaggi ritratti; l'**anno**, anche approssimativo, in cui è stata scattata la fotografia; se possibile, il **luogo**.
e. Incolla ogni fotografia su un foglio A4 con la relativa **didascalia** e con l'anno e il luogo graficamente ben in evidenza.
f. Esponi i fogli allineati in sequenza cronologica, in una sorta di una linea del tempo.
g. A conclusione della linea del tempo, un foglio accoglierà un *selfie* della tua famiglia, accompagnato da relativa didascalia.
h. Scrivi infine una relazione a commento della selezione fotografica: confronta le immagini e nota differenze e analogie.

> "*L'arte e la scienza sono libere e libero ne è l'insegnamento.*"

Lezione 4
La scuola

Quanti anni a scuola!

Da quanti anni frequenti la scuola? Contando gli anni della scuola materna – o scuola dell'infanzia – saranno almeno otto, se non di più. Ben più della metà degli anni della tua vita li hai dunque passati a scuola.

A scuola hai imparato molte cose, a leggere, a scrivere, a studiare. Soprattutto hai imparato a **stare con gli altri**: con i tuoi coetanei e con adulti che non sono i tuoi familiari. Hai imparato a dividere con loro il tuo tempo e i tuoi spazi, il valore del confronto con i tuoi compagni di classe e con gli insegnanti, l'importanza del **rispetto delle regole** di cui ogni scuola ha bisogno per poter funzionare a dovere: attenersi agli orari prestabiliti, avere cura degli ambienti e degli oggetti comuni, riconoscere e accettare il ruolo educativo degli insegnanti.

La scuola per "imparare a vivere"

Per tutti i motivi che abbiamo elencato sopra, la scuola, fin dai tuoi primi anni, ha rappresentato l'esempio, in formato ridotto, di quello che potrai trovare nel mondo quando sarai grande.

La scuola serve sì a imparare cose sui libri e dalle parole dei maestri, cioè a formare la "**cultura**" di ognuno di noi. Ma l'istruzione non riguarda solo il *sapere* e il *saper fare*. La scuola ha il compito di fornire ai giovani anche le "istruzioni per l'uso" per poter **vivere da uomini liberi nel mondo**, rispettando se stessi e gli altri.

Lo dice anche l'articolo 26 della *Dichiarazione universale dei diritti dell'uomo*: «Ogni individuo ha diritto all'istruzione. L'istruzione deve essere gratuita almeno per quanto riguarda le classi elementari e fondamentali. L'istruzione elementare deve essere obbligatoria. [...] L'istruzione deve essere indirizzata al **pieno sviluppo della personalità umana** ed al rafforzamento del **rispetto dei diritti dell'uomo e delle libertà fondamentali**. Essa deve promuovere la comprensione, la tolleranza, l'amicizia fra tutte le Nazioni, i gruppi razziali e religiosi».

Lo Stato, inoltre, sempre attraverso la Costituzione, tutela la libertà di tutti i cittadini di manifestare il proprio pensiero; pertanto, fa anche in modo che l'istruzione si apra alle **culture differenti**.

La scuola

- Nel mondo occidentale, che sempre di più accoglie e unisce persone provenienti da mondi lontani, una scuola aperta alle altre culture non solamente è doverosa, ma offre anche un'importante occasione per educare fin da piccoli al **confronto** e al **rispetto della diversità**.

Il diritto allo studio

Gli articoli della Costituzione italiana che riguardano l'istruzione, e quindi la scuola, sono il 33 e il 34.

Nell'**articolo 33** si parla del diritto all'insegnamento: «L'arte e la scienza sono libere e libero ne è l'insegnamento. La Repubblica detta le norme generali sull'istruzione ed istituisce scuole statali per tutti gli ordini e gradi. Enti e privati hanno il diritto di istituire scuole ed istituti di educazione, senza oneri per lo Stato».

Allo Stato spetta dunque il compito di creare le condizioni affinché la cultura possa essere trasmessa. Per far questo deve:

- garantire su tutto il territorio **la costruzione di scuole** adeguate a ospitare l'attività di insegnamento;
- **impiegare e retribuire** insegnanti, maestri e professori;
- proporre, con appropriate leggi, la **programmazione** migliore per il percorso di apprendimento dei giovani cittadini.

L'**articolo 34** della Costituzione dice invece che: «La scuola è aperta a tutti. L'istruzione inferiore, impartita per almeno otto anni, è obbligatoria e gratuita. I capaci e meritevoli, anche se privi di mezzi, hanno diritto di raggiungere i gradi più alti degli studi. La Repubblica rende effettivo questo diritto con borse di studio, assegni alle famiglie ed altre provvidenze, che devono essere attribuite per concorso».

Non ci devono essere quindi disuguaglianze nell'accesso alla scuola, soprattutto negli anni di istruzione di base. Alla scuola accedono tutti i ragazzi, italiani e stranieri. Chi dimostra di impegnarsi a fondo (i "meritevoli") e chi possiede il talento (i "capaci"), se non è nelle condizioni economiche di poter proseguire gli studi, viene sostenuto da aiuti come **sussidi** e **borse di studio**.

> **Pluralismo**
> Nelle forme della convivenza sociale, le regole del rispetto e della tolleranza degli altri.

Scuola pubblica, scuola privata

Il **pluralismo** dell'istruzione è anche garantito dal fatto che alle **scuole pubbliche**, cioè costruite e gestite dallo Stato e in cui gli insegnanti sono dipendenti dello Stato, si affiancano scuole non statali, ovvero le **scuole private**. Queste si devono economicamente sostenere perché sono a tutti gli effetti delle imprese private.

Per garantire a tutti i cittadini la libertà di scegliere il percorso formativo, alcuni governi hanno concesso contributi alle famiglie che scelgono di iscrivere i propri figli a una scuola privata. Dal momento che in Italia la maggioranza delle scuole private, per storia e tradizione, è a gestione e, di conseguenza, orientamento cattolico, a lungo si è dibattuto se questo non sia in contraddizione con il principio di **laicità dello Stato**. Le scuole private devono tuttavia assicurare una formazione conforme alle leggi dello Stato per poter rilasciare titoli di studio legalmente riconosciuti.

L'obbligo di andare a scuola

Chi scrisse la Costituzione entrata in vigore nel 1948 pensava che la formazione obbligatoria per un cittadino dovesse durare **almeno otto anni**. Con un Decreto del **2007**, l'obbligo scolastico è stato poi innalzato fino ai **16 anni**: ai cinque anni di Scuole primarie – le elementari – e ai tre della Scuola secondaria di primo grado – le medie – si sono aggiunti due anni di Scuola secondaria di secondo grado o di corsi di formazione professionale. La scuola, quindi, oggi è **obbligatoria** per **almeno dieci anni**.

Il principio dell'obbligatorietà rende la scuola non soltanto un **diritto**, ma anche un **dovere**. È infatti un dovere, per le famiglie, garantire ai propri figli l'opportunità di formarsi una conoscenza che fornisca almeno gli strumenti essenziali – leggere, scrivere, fare di conto, usare il computer – per poter entrare nel mondo degli adulti. Solo chi è in possesso di un buon grado di istruzione, e quindi dispone degli strumenti per informarsi correttamente e per partecipare alla vita sociale e politica di uno Stato, può essere un **buon cittadino**.

ALLA PROVA DEI FATTI

La dispersione scolastica

In Italia i ragazzi tra i 18 e i 24 anni che, dopo aver ottenuto la licenza media, non portano a termine il loro corso di studi, sono il **17%**. Questo fenomeno si chiama **dispersione scolastica** e l'Unione Europea sostiene che questi ragazzi «sono più soggetti alla disoccupazione, hanno bisogno di più sussidi sociali e sono ad alto rischio di esclusione sociale, con conseguenze sul benessere e la salute. Inoltre, tendono a partecipare meno ai processi democratici». Il dato italiano – che corrisponde a circa 167.000 studenti – è molto più alto della media dei 28 Paesi dell'UE: 12% (dati MIUR, dossier "Dispersione", 2015).

TEMI PER RIFLETTERE

ANALFABETISMO: UN FENOMENO DI RITORNO

Lo Stato italiano sin dalla sua nascita (1861) dovette affrontare il problema dell'**analfabetismo**, e dieci anni dopo l'Unità d'Italia quasi 7 italiani su 10 (69%) non sapevano ancora né leggere né scrivere. La **scuola** divenne uno strumento decisivo per combattere il fenomeno: all'inizio del Novecento la percentuale scese al 48,5% e nel 1921 al 27,4%. All'inizio degli anni Sessanta, quando ormai la **televisione** aveva portato la lingua italiana in quasi tutte le case dei cittadini, il tasso di analfabetismo si era ridotto all'8,3%. Nei primi anni Duemila la percentuale si è quasi annullata.

Tuttavia si riscontra negli ultimi decenni un nuovo fenomeno: l'**analfabetismo di ritorno**. Chi, dopo la scuola, smette di esercitarsi nella lettura e, soprattutto, nella scrittura rischia di "disimparare" a leggere e scrivere correttamente. E lo stesso vale per le competenze matematiche. Secondo recenti indagini statistiche (CENSIS, 2014), circa il 30% degli italiani è in questa situazione.

E addirittura il 60% non è in grado di capire un testo complesso, come un contratto di lavoro, un libretto di istruzioni per l'uso, i foglietti delle informazioni dei prodotti farmaceutici.

Analfabeti in Italia

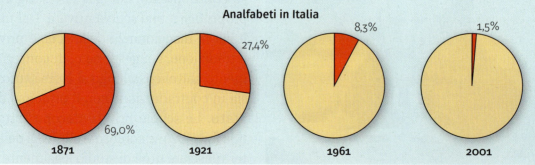

1871 — 69,0% | 1921 — 27,4% | 1961 — 8,3% | 2001 — 1,5%

La scuola 4

Come funziona una scuola

La scuola è organizzata come una comunità, con regole, figure di riferimento e "organi" di governo. Vediamo insieme la sua struttura.

- Lo **Stato**, attraverso il **Ministero dell'Istruzione, dell'Università e della Ricerca (MIUR)**, stabilisce il **programma** degli insegnamenti, a seconda dei tipi di scuola e dei livelli di istruzione.
- Il MIUR ha degli **Uffici regionali** che si occupano degli **aspetti pratici** della scuola, dalla definizione dei calendari annuali ai problemi legati agli edifici scolastici.
- Il **Dirigente scolastico** è il garante del buon funzionamento dell'istituto: controlla che siano rispettati i programmi di studio, che l'insegnamento si svolga nelle condizioni ideali, che vi sia un buon rapporto tra tutte le parti in causa (docenti, studenti e personale non docente).
- Il **Consiglio d'istituto** è un'assemblea in cui si discute della gestione economica della scuola (bilancio annuale, acquisto di strumenti didattici ecc.) e della definizione di un **regolamento interno**. È composto, oltre che dal Dirigente scolastico, dai rappresentanti dei genitori, dei docenti e del personale non docente (e, per le Scuole superiori, anche degli studenti).
- Il **Collegio dei docenti**, composto dal Dirigente scolastico e da tutti gli insegnanti, definisce il **Piano dell'offerta formativa** (**POF**), diverso da scuola a scuola. Infatti, dal 1997, le scuole hanno una certa autonomia organizzativa e didattica, che riguarda le scelte di insegnamento e di gestione dell'istituto. Il POF è la "carta d'identità" con cui una scuola si presenta ai suoi potenziali studenti e ai loro genitori, in modo che essi possano scegliere tra diversi istituti. Inoltre, il Collegio dei docenti pianifica la composizione delle classi, l'orario scolastico ed eventuali insegnamenti integrativi.
- Il **Consiglio di classe** discute dei **problemi della classe** ed è composto dai docenti che insegnano in quella classe e dai rappresentanti dei genitori (e degli studenti, nel caso delle superiori).

TEMI PER RIFLETTERE

LA CONQUISTA DELLA SCUOLA MEDIA

Fino alla Prima guerra mondiale, l'obbligo scolastico arrivava alla fine delle elementari, ovvero fino ai 10 anni. Ed era un limite che era stato faticosamente innalzato nel mezzo secolo di storia dell'Unità d'Italia: da 2 a 3, poi a 5 anni. Nel **1923** la riforma scolastica del filosofo **Giovanni Gentile** fissò a 14 anni l'obbligo scolastico, limite di fatto quasi mai osservato. Dopo le elementari i figli delle famiglie più abbienti sceglievano il **ginnasio**, che, nei suoi primi tre anni, era l'anticamera degli studi superiori liceali; altri studenti si iscrivevano a scuole tecniche o di avviamento al lavoro, ma la stragrande maggioranza sospendeva gli studi alla quinta elementare.

Soltanto nel **1962** fu istituita la cosiddetta "**Scuola media unificata**", cioè uguale per tutti, che consentiva di allargare l'opportunità di una preparazione di base più completa e che posticipava di tre anni il momento in cui i ragazzi dovevano decidere del loro futuro di "adulti". Inoltre, tutti coloro che erano in possesso del diploma di Scuola media potevano continuare gli studi superiori, mentre prima lo potevano fare solo i ginnasiali. Sempre negli anni Sessanta la scuola italiana fece un'altra conquista sociale: quella delle **classi miste maschili e femminili**.

Ordini di scuola
Scuola dell'infanzia
Primo ciclo
Scuola primaria (o Scuola elementare) + Scuola secondaria di primo grado (o Scuola media inferiore)
Secondo ciclo
Scuola secondaria di secondo grado (o Scuola superiore)
Terzo ciclo: Università
Laurea breve + Laurea magistrale

I cicli di istruzione in Italia

In Italia i cicli di istruzione sono strutturati in questo modo.
A partire dai due anni e mezzo i bambini possono essere iscritti alla **Scuola dell'infanzia**, che fino a qualche anno fa era chiamata **Scuola materna**. Non è obbligatoria, ma è aperta a tutti, italiani e stranieri. Dopo la Scuola dell'infanzia, seguono due cicli.

Il primo ciclo

Il primo ciclo è costituito dalla Scuola primaria, seguito dalla Scuola secondaria di primo grado.
La **Scuola primaria** (detta anche **Scuola elementare**) dura cinque anni. Fino agli anni Novanta del Novecento le sue classi erano affidate a un maestro unico; oggi ogni classe ha la compresenza di almeno due docenti.
La **Scuola secondaria di primo grado**, un tempo detta **Scuola media inferiore**, dura tre anni e fornisce un'educazione più approfondita rispetto ai precedenti cinque anni. Alla fine del triennio, gli studenti sostengono un esame per ottenere una **licenza** che consente di accedere agli studi successivi.

Il secondo ciclo

Il secondo ciclo d'istruzione è costituito dalla **Scuola secondaria di secondo grado**, dura cinque anni – anche se alcuni percorsi di formazione professionale si completano in tre anni – e si distingue in tre grandi tipi di indirizzo: licei, istituti tecnici e istituti professionali.

Il liceo dura cinque anni e prevede diversi indirizzi, tutti con il compito di fornire le basi culturali necessarie per affrontare gli studi universitari e anche la metodologia e l'esercizio allo studio in generale:
- **classico**, dove si studiano prevalentemente le discipline umanistiche, ovvero italiano, storia, filosofia e le lingue, appunto, classiche (il latino e il greco antico);
- **scientifico**, dove prevale la preparazione scientifica attraverso lo studio della matematica, della fisica, della chimica, della biologia, delle scienze della Terra e dell'informatica;
- **linguistico**, orientato allo studio delle lingue straniere contemporanee;
- **artistico**, i cui insegnamenti vertono sui temi dell'arte e dell'architettura, sia sotto l'aspetto teorico e storico sia sotto quello pratico (il disegno, la scultura, la grafica, la decorazione);
- **delle scienze umane**, che accoglie chi, attraverso materie come pedagogia, psicologia e sociologia, vuole diventare a sua volta insegnante;
- **musicale e coreutico**, dedicato alla formazione musicale – talvolta coincidente con un Conservatorio – e della danza.

L'**istituto tecnico**, rispetto al liceo, è invece più orientato a un'applicazione pratica delle conoscenze acquisite, in funzione di un possibile inserimento dello studente nel **mondo del lavoro** già alla fine del ciclo di cinque anni di studi. L'ultima riforma scolastica distingue due grandi aree:
- **economica**, con materie economico-giuridiche e specifici orientamenti di tipo commerciale, amministrativo, finanziario, turistico;
- **tecnologica**, che forma gli studenti in materie come informatica, elettronica, industria, biotecnologia, costruzioni.

Liceo

Questo tipo di scuola prende il nome dalla scuola di Atene in cui Aristotele, il grande filosofo greco del IV secolo a.C., insegnava ai propri allievi.

La scuola 4

Gli **istituti professionali** propongono un percorso formativo più breve e finalizzato all'**impiego lavorativo**. In alcuni casi, infatti, è possibile conseguire un diploma professionale dopo i primi tre anni. L'orientamento, anche grazie a programmi che prevedono l'alternanza tra studio ed esperienze di lavoro, consente di sviluppare più rapidamente le **conoscenze pratiche e operative**. Gli istituti professionali preparano quindi a diventare meccanico, elettricista, agricoltore, cuoco, infermiere e così via.

Alla fine dei cinque anni di Scuola superiore è prevista una prova d'esame finale, il cosiddetto **Esame di Stato** o **Esame di maturità**, diviso in prove scritte e prove orali, diverse a seconda del tipo di scuola che si è frequentato. Il superamento dell'Esame di Stato consente l'accesso all'Università.

● L'Università

Il **terzo ciclo** d'istruzione è quello dell'**Università**, che conduce alla **laurea**, o quello delle **Accademie** e dei **Conservatori**, che permettono di conseguire un diploma di alta formazione in ambito artistico o musicale. All'Università, dopo tre anni di studi, si può conseguire la cosiddetta **laurea breve**, alla quale può seguire un ulteriore biennio che porta a conseguire la **laurea magistrale**. Fanno eccezione, ad esempio, i corsi di Medicina, di Architettura, di Giurisprudenza, di Farmacia, che durano tutti cinque o sei anni. Dopo i corsi di laurea, sono previste ulteriori specializzazioni nei **master** o nei **dottorati di ricerca**.

ALLA PROVA DEI FATTI

I costi della scuola

Nel corso della sua storia, la "macchina statale" dell'istruzione in Italia ha sempre dovuto affrontare **numerose difficoltà**, a partire da una costante **mancanza di risorse economiche** da investire nel settore della formazione. I docenti italiani sono tra i meno pagati in Europa; le loro competenze non sono sostenute a sufficienza da corsi di aggiornamento, soprattutto sugli aspetti tecnologici della didattica; le strutture scolastiche sono spesso arretrate e non adeguate alle nuove esigenze didattiche (mancano i computer, i laboratori scarseggiano di strumentazione, le biblioteche sono scarse e non rifornite). Nonostante queste storiche lacune, la **preparazione di base degli studenti italiani** continua a essere nel complesso di **buona qualità**.
Lo dimostrano i successi di numerosi italiani che, alla fine dei loro studi, vanno a lavorare all'estero, dove vengono offerte migliori occasioni di lavoro, soprattutto a livello intellettuale, nella ricerca scientifica come nell'insegnamento.

In un Paese dove la spesa pubblica – cioè quello che lo Stato spende per "stare in piedi" – è in fortissimo debito, spesso è successo che i governi abbiano deciso di **ridurre i costi del sistema scolastico**: dei tagli alle spese avrai sentito parlare quando capita che non ci siano i soldi per riparare l'edificio scolastico, e ancor meno per rinnovarlo o farlo più bello; e neppure per poter pagare i professori supplenti che sostituiscono i titolari malati; o addirittura per poter acquistare libri o fare fotocopie. Tuttavia, continui tagli pubblici all'istruzione – come pure quelli alla ricerca scientifica – hanno **ripercussioni drammatiche sul futuro di un Paese**. Se i cittadini sono più ignoranti, il Paese sarà sempre più povero. L'Italia purtroppo non si trova ai primi posti tra i Paesi che destinano le più alte percentuali del loro Prodotto interno lordo (PIL) a investimenti nell'istruzione (vedi grafico).

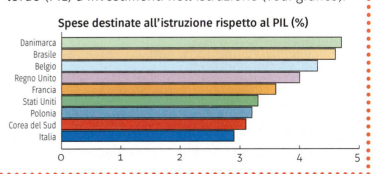

Spese destinate all'istruzione rispetto al PIL (%)

Laboratorio

Conoscenze

1 Completa l'articolo 26 della *Dichiarazione universale dei diritti dell'uomo.*

«Ogni individuo ha diritto all'........................ . L'istruzione deve essere .... almeno per quanto riguarda le classi elementari e fondamentali. L'istruzione elementare deve essere .... L'istruzione deve essere indirizzata al pieno sviluppo della .... e al rafforzamento del rispetto dei .... e delle .... fondamentali».

2 Per quanti anni attualmente è obbligatoria la scuola in Italia?
- a) 8
- b) 9
- c) 10

3 Che cosa significa "analfabetismo di ritorno"?
- a) Non saper parlare e scrivere nella lingua del Paese in cui si emigra.
- b) Il disimparare a leggere, scrivere e far correttamente di conto di chi, dopo la scuola, ha smesso di continuare a esercitarsi.
- c) L'aver disimparato a leggere e a scrivere la lingua madre di chi torna in patria dopo aver vissuto per anni all'estero.

4 Abbina correttamente gli organi di gestione di una scuola e le relative funzioni.

- a. Dirigente scolastico
- b. Collegio docenti
- c. Consiglio di classe
- d. Consiglio d'istituto

1. Si occupa dei problemi della classe
2. Discute della gestione economica della scuola e del regolamento
3. È il garante del buon funzionamento di un istituto
4. Definisce il Piano dell'offerta formativa

5 In quale anno entrò in vigore la scuola media unificata?
- a) 1923
- b) 1948
- c) 1962

6 Quali di questi grandi cambiamenti introdusse la scuola media unificata?
- a) Il diploma di scuola media dava accesso agli studi superiori (che prima erano consentiti solo a chi aveva fatto il ginnasio).
- b) Introdusse le classi miste maschili e femminili.
- c) Non si andava più a scuola di sabato.

7 A che cosa dà accesso l'Esame di Stato, detto anche Esame di maturità?
- a) A un contratto di lavoro
- b) All'università
- c) A un master

Competenze

8 Spiega che cosa vuol dire questa parte dell'articolo 34 della Costituzione.

«I capaci e meritevoli, anche se privi di mezzi, hanno diritto di raggiungere i gradi più alti degli studi».

9 Dai una definizione di "dispersione scolastica" e, in un breve testo scritto, indica quali possono esserne le cause.

Compito di realtà

La nostra scuola: l'edificio e le persone
Presentare il proprio istituto nel corso dell'Open Day

1 La scuola: un pezzo della nostra vita

La scuola è un pezzo importante della tua vita, se non altro perché ci passi buona parte della tua giornata. La Costituzione dà una grande importanza civica alla scuola, sia come strumento di **formazione culturale** sia come banco di prova delle prime **relazioni sociali** di un cittadino. Quando si parla di scuola, si parla di un luogo fisico (un edificio, una struttura abitativa, con la sua storia e i suoi spazi) ma anche un luogo fatto di persone, di figure professionali che sono altrettanto significative nel dare la precisa identità di quel posto.

Le scuole, nel periodo che precede le iscrizioni, organizzano una **giornata aperta** per presentare se stesse ai futuri possibili alunni e ai loro genitori. L'**Open Day** è un momento importante, che deve essere preparato con cura. La scuola presenta la sua **offerta formativa**: i principi educativi, l'organizzazione, i progetti in corso, i supporti tecnologici di cui è dotata. Nel programma dell'Open Day viene riservato uno spazio per far conoscere ai visitatori l'**edificio** e le **persone**, insegnanti e alunni, che nel tempo l'hanno abitato.

2 L'Open Day

Il compito di organizzare la **visita guidata dell'edificio nel corso dell'Open Day** viene affidato alla vostra classe. Siete incaricati di approntare una presentazione con testi e immagini utilizzando **PowerPoint**. Dopo un lavoro di ricerca di fonti e documenti, organizzerete la presentazione in circa **25 slide**, cercando di distinguere nell'esposizione due parti principali: la **descrizione dell'edificio**, con eventuali riferimenti alla sua storia, e **testimonianze** di figure legate alla scuola di ieri e di oggi.

3 Le fasi del compito

a. L'intera classe, sotto la guida dell'insegnante, analizza la traccia dei contenuti della presentazione.
   Prima parte: l'edificio
   - Dove si trova nella città
   - Descrizione dell'esterno
   - Descrizione dell'interno (aule, sale, palestra, laboratori, cortile...)
   - Dati sulla costruzione dell'edificio

   Seconda parte: le persone
   - Intervista a insegnanti ed ex insegnanti, alunni ed ex alunni, personale non docente.

b. Per cercare le fonti, vi dividete in due gruppi:
   - un gruppo ricerca **documenti** (testi, disegni, fotografie) nell'archivio della scuola o nell'archivio comunale o su Internet;
   - l'altro gruppo effettua le interviste per raccogliere **testimonianze** sulla storia della scuola; le interviste possono essere scritte o registrate.

c. La classe si riunisce, sotto la guida dell'insegnante, per fare il punto sul materiale reperito, associarlo alla traccia dei contenuti da presentare e stilare l'**indice** definitivo.

d. Ora costruite la **presentazione in PowerPoint**, in linea con l'indice dei contenuti.

Ogni slide, in pochi elementi, deve attirare l'attenzione di chi ascolta l'esposizione e deve contenere:
- un titolo;
- un breve testo con caratteri leggibili;
- una o più immagini;
- un link alle registrazioni delle interviste.

A introduzione del tutto, inserite una slide di apertura con il nome della scuola, la precisazione dell'Open Day e la struttura della presentazione.

e. Ogni slide così composta viene valutata in accordo con l'insegnante e quindi assemblata nella sequenza del file.

f. Preparate ora la presentazione al pubblico:
   - fate delle prove per essere certi di rispettare il tempo prestabilito;
   - nell'introduzione anticipate gli aspetti più interessanti dell'esposizione (i primi minuti hanno un ruolo importante per suscitare interesse e intesa con chi ascolta);
   - siate chiari, analitici e completi;
   - esponete conclusioni che ricompongano il tema trattato nei suoi nuclei principali.

g. Ora siete pronti per presentare la vostra scuola al pubblico.

> *La Repubblica tutela la salute come fondamentale diritto dell'individuo.*

Lezione 5
La salute

L'importante è la salute

"Basta la salute", "finché c'è la salute…", "quando c'è la salute, c'è tutto". Sono frasi che ti sarà capitato di sentire chissà quante volte dagli adulti, magari dai nonni o dalle persone più anziane. Forse non ci avrai fatto troppo caso. Eppure sarà successo anche a te di ammalarti e di essere costretto a rimanere qualche giorno a letto con la febbre e certamente avrai sofferto almeno una volta della malattia più comune al mondo, fortunatamente tra le più innocue: il raffreddore. E avrai sentito parlare, o borbottare, dei malanni dei vecchi.

In realtà, **la salute è un bene preziosissimo** perché la sua mancanza impedisce di giocare, studiare, lavorare, stare con gli altri come vorremmo: in breve, di vivere una vita serena ed essere felici.

TEMI PER RIFLETTERE

LA SALUTE, IL BENESSERE, LA FELICITÀ

Che cos'è la salute? La risposta più semplice, e non sbagliata, è: la **mancanza di malattie**.
Secondo l'**Organizzazione mondiale della Sanità** (OMS), però, questo non basta. La Costituzione dell'OMS, scritta nel 1948, elencando i principi «alla base della felicità dei popoli», definisce infatti la salute come «**uno stato di completo benessere fisico, mentale e sociale**, e non la semplice assenza dello stato di malattia e infermità». Si tratta di un concetto, o meglio di un traguardo, molto impegnativo perché, a pensarci bene, mette la povertà, la mancanza di lavoro, la solitudine, l'inquinamento di città e campagne sullo stesso piano delle malattie che minano il diritto alla salute.
Agli Stati viene dunque assegnato un compito che va ben al di là della semplice gestione del servizio sanitario pubblico: assicurare ai propri cittadini le condizioni materiali e spirituali necessarie a raggiungere una **condizione di benessere**. Anche la *Dichiarazione universale dei diritti dell'uomo* (articolo 25) collega il diritto alla salute a quello al reddito e alla sicurezza sociale.

Star bene: un fondamentale diritto umano

La Costituzione stabilisce che la salute è qualcosa di più di un bene prezioso: è un **diritto**. Dice l'**articolo 32**: «La Repubblica tutela la salute come fondamentale diritto dell'individuo e interesse della collettività, e garantisce cure gratuite agli indigenti».
Il significato di queste parole è tanto importante che, per intenderle bene, è meglio "pesarle" una a una. Proviamo a farlo:

1. il **diritto alla salute** è definito come **fondamentale**, cioè proprio di ogni essere umano e base di tutti gli altri diritti che spettano alle persone;
2. subito si aggiunge che la salute è anche un **interesse della collettività**, riguarda cioè il benessere della comunità. Dunque la salute non è un fatto privato, di cui è tenuto a occuparsi, o meglio a preoccuparsi, solo chi la perde ammalandosi: è un **diritto sociale**, che riguarda i singoli come membri di una comunità, e un **bene collettivo**;
3. si capisce allora perché lo Stato si impegni a tutelarla per tutti, ricchi o poveri, giovani o vecchi che siano. Chi ha bisogno di cure, **anche se non può pagarle** (gli "indigenti"), ha diritto di riceverle attraverso il servizio sanitario pubblico.

> **Prevenzione**
> Insieme di interventi finalizzati a evitare la diffusione di malattie.
>
> **Diagnosi**
> Individuazione di una malattia attraverso la visita del malato, l'esame dei suoi sintomi, eventuali esami di laboratorio.

Come si tutela la salute? L'intervento dello Stato

La tutela della salute è garantita dal **Servizio Sanitario Nazionale**, gestito dallo Stato attraverso le **Regioni** e le **ASL** (Aziende sanitarie locali). Sono le sue attività e le sue strutture a occuparsi della **prevenzione**, della **diagnosi** e della **cura** delle malattie, tramite: i **medici di famiglia o di base** (pediatri, quando si occupano di bambini), cui è richiesto il primo intervento; i **pronto soccorso** predisposti alle urgenze; gli **ambulatori** e gli **ospedali** che provvedono alle analisi e alle cure, anche alle più specialistiche.

I costi dell'assistenza sanitaria sono coperti per la maggior parte dalle entrate generali dello Stato (**imposte e tasse** pagate dai cittadini) e, in misura minore, dai contributi diretti, o "**ticket**", per analisi e medicine. Non pagano l'assistenza sanitaria le persone con redditi bassi o chi soffre di malattie gravi croniche.

Il diritto di tutti a ricevere cure adeguate è così soddisfatto, almeno in linea di principio: a limitarlo sono soprattutto il fatto che le strutture sanitarie non sono sempre ben distribuite sul territorio (ce ne sono molte in alcune regioni, mentre in altre scarseggiano) e i difetti di organizzazione e risorse che allungano i tempi di attesa prima di un'analisi o di un'operazione.

Allo Stato spetta anche il compito di tutelare la **salute collettiva** controllando che gli **ambienti** di vita e di lavoro siano salubri, non minacciati da inquinamento, e che gli **alimenti** messi in vendita siano sani, con tutte le informazioni necessarie a valutarne la qualità.

E NEGLI ALTRI PAESI? LA SALUTE NELL'UNIONE EUROPEA

Il diritto alla prevenzione sanitaria e alle cure mediche è sancito nella *Carta dei diritti fondamentali dell'Unione Europea* (articolo 35). Le politiche europee garantiscono un «elevato livello di protezione della salute» in tutti i campi, anche controllando la sicurezza dei farmaci e degli alimenti.

Se ci si trova in uno qualunque dei 28 Paesi dell'Unione Europea, si ha il diritto di ricevere assistenza sanitaria alle stesse condizioni dei cittadini di quel Paese: basta mostrare la **TEAM**, Tessera europea di assicurazione malattia, che è stampata sul retro della tessera sanitaria nazionale.

ALLA PROVA DEI FATTI
Quando il lavoro fa male

Se la salute è un diritto fondamentale che lo Stato si impegna a tutelare, com'è possibile che nel 2015, secondo i **dati dell'INAIL** (Istituto Nazionale Assicurazione Infortuni sul Lavoro), siano morte quasi 700 persone e oltre 400.000 si siano infortunate lavorando?

Alla tragedia degli **infortuni sul lavoro**, cioè degli incidenti che accadono sui luoghi e con gli strumenti di lavoro, si somma quella delle **malattie professionali**, alcune gravissime, legate alle sostanze che si respirano o alle quali si è esposti lavorando.

Di fatto, le molte leggi che in Italia tutelano la sicurezza sui luoghi di lavoro non sono sufficientemente rispettate, e questo per tre motivi principali:
- i controlli dei funzionari preposti (gli ispettori del lavoro) non sono abbastanza efficaci;
- le misure necessarie per prevenire incidenti e malattie hanno costi che le aziende, non tutte per fortuna, cercano di evitare;
- i lavoratori stessi, che pure delle situazioni rischiose sono vittime, a volte non hanno abbastanza consapevolezza o coraggio per denunciarle.

Quando accadono fatti gravissimi, in cui muoiono molti operai, il problema torna al centro della cronaca e dell'attenzione pubblica. Poi i riflettori si spengono.

Come si tutela la salute? Le scelte giuste

Una parte importante nella prevenzione delle malattie e nel mantenimento della salute hanno i **comportamenti individuali** e le scelte di tutti i cittadini, anche le tue: preoccuparsi della salute significa alla tua età crescere bene e porre le basi per il benessere futuro.

Essenziali sono le **scelte alimentari**, che riguardano la **qualità** e la **quantità** degli alimenti che mangiamo abitualmente. Basta guardarsi intorno per vedere quanto siamo diversi l'uno dall'altro in statura e peso. Qualunque sia la tua costituzione fisica, però, vale una regola generale: hai bisogno di assumere in proporzioni corrette **tutti i principi alimentari** (proteine, carboidrati, grassi, vitamine ecc.) contenuti nei vari alimenti – frutta e verdura, latte e uova, carne, pesce, pasta e così via. Essi infatti sono necessari al tuo **metabolismo**, cioè al funzionamento del tuo organismo e al recupero delle energie che spendi ogni giorno.

La dieta, dunque, dev'essere varia, equilibrata e "giusta" rispetto alla vita che fai. Al bilancio delle tue energie contribuiscono il **sonno**, con le ore indispensabili al riposo, e l'**attività fisica**. Lo **sport**, infatti, oltre a essere divertente, favorisce uno sviluppo armonico del tuo corpo e fa bene alla salute: molto meglio che stare ore davanti al televisore o al computer o con lo smartphone in mano.

La piramide alimentare mette in scala i diversi alimenti e suggerisce che alcuni, come la frutta e la verdura, possono essere consumati in abbondanza mentre altri, come le carni rosse e i dolci, richiedono moderazione.

Quella che vedi a lato è una delle possibili piramidi alimentari che prevedono un'alimentazione equilibrata. Nel corso della giornata, è anche importante bere molta acqua, assumere vitamine e dividere quello che si mangia in più pasti e spuntini.

La salute 5

TEMI PER RIFLETTERE

MALATTIE DEL BENESSERE, MALATTIE DELLA POVERTÀ

Nella parte del mondo in cui viviamo, nel suo complesso ricca e "sana", la **pubblicità** ci lancia continui inviti a consumare e ad assumere alimenti per "star bene". Spesso però il tipo di vita che si fa nelle famiglie non incoraggia la consapevolezza e l'attenzione riguardo al cibo.

Anche per questo una percentuale crescente di persone è affetta, fin dall'infanzia, da **sovrappeso**. Nella grande maggioranza dei casi si è in sovrappeso perché si mangia troppo e male, disordinatamente, con cibi troppo ricchi rispetto alle necessità.

Oltre una certa soglia, il sovrappeso diventa **obesità**, che è una vera e propria malattia legata alla cattiva alimentazione ma anche a possibili problemi ambientali, fisici, psicologici.

Altre malattie tipiche, anche se non esclusive, della "società del benessere" sono l'**anoressia** e la **bulimia**. Nel primo caso una persona mangia pochissimo e dimagrisce di continuo, pensando sempre di essere troppo grassa; nel secondo divora enormi quantità di cibo senza riuscire a frenarsi. Entrambe, quando sono diagnosticate dai medici, sono malattie gravi che coinvolgono il corpo e la percezione di sé, e non si curano certo con diete.

Un mondo del tutto diverso è quello dei **Paesi più poveri della Terra**, in Africa, in Asia e in America centrale: **circa 800 milioni di persone soffrono la fame**. In questi Paesi la mancanza di acqua pulita e dei medicinali più comuni fa sì che milioni di bambini muoiano, ogni anno, di una malattia curabilissima come la **diarrea**. Anche se nessuno di noi è personalmente responsabile di questa situazione, dovuta a una profonda **disuguaglianza nella distribuzione delle ricchezze**, è giusto sentirsene dispiaciuti e disturbati nel nostro senso di giustizia. Ci aiuta a essere più responsabili nelle nostre scelte, anche alimentari.

Droghe

Sostanze di origine naturale o chimica in grado di alterare in vari modi l'attività mentale, eccitandola, deprimendola o modificando la percezione e la consapevolezza della realtà esterna. L'OMS classifica tra le droghe anche l'alcol.

Se le conosci le eviti

Esistono sostanze che provocano danni all'organismo e che quindi occorre evitare. La prima è il **fumo**, che non è responsabile di tutte le malattie del mondo ma è certamente **nocivo** perché danneggia i polmoni e le vie respiratorie, il cuore e i vasi sanguigni, il sistema nervoso. Tutti i dati e le ricerche sono concordi nel dire che è un serio **fattore di rischio per la salute**: fumare dunque non è una buona idea, meno che mai da ragazzi. Lo Stato, che pure controlla la commercializzazione del tabacco, scoraggia il consumo di sigarette con divieti crescenti, proibizioni di vendita ai minorenni, pubblicità e immagini "forti" (anche stampate sugli stessi pacchetti) che cercano di convincere a smettere chi fuma.

Anche l'**alcol** può comportare gravi rischi per la salute, quando se ne assume troppo: l'abuso prolungato provoca infatti malattie al fegato e al sistema nervoso. A molte persone, inoltre, basta un bicchiere perché diminuiscano le capacità di controllo e attenzione: la guida di un motorino o anche solo di una bicicletta diventa allora un pericolo. Non è un caso che la legge vieti la vendita di alcol ai minori, con pene severe per chi trasgredisce.

Pericoli ancora maggiori sono legati al consumo di **droghe** (o **sostanze stupefacenti**), termine che riunisce molte sostanze diverse tra loro con effetti psichici e fisici che per alcune possono essere relativamente leggeri, per altre gravissimi (come nel caso nell'eroina). Anche se in misura diversa, tutte le droghe sono accomunate dal fatto di intervenire dannosamente sul sistema cerebrale alterando la percezione di sé, della realtà e del rischio. Un'altra caratteristica comune delle sostanze stupefacenti è quella di causare **assuefazione**, cioè abitudine e spinta a consumi crescenti, e **dipendenza**, cioè bisogno di usarle per sfuggire a un malessere maggiore (crisi di astinenza). Spesso, inoltre, l'uso di queste sostanze spinge sul terreno, sbagliato e rischioso, dei **comportamenti illeciti** punibili per legge: in alcuni casi capita, anche tra i più giovani, che per poter comprare sostanze stupefacenti sul mercato clandestino i consumatori ne diventino a loro volta venditori (spaccio).

Locandina della campagna di comunicazione del Ministero della Salute contro l'abuso di alcol (estate 2009).

Le persone con disabilità

Per le persone con **disabilità**, il diritto alla salute equivale al diritto a vivere una vita il più possibile attiva e piena, impedendo che i limiti imposti dalle condizioni fisiche – per esempio la difficoltà a camminare e la necessità di muoversi in carrozzella – si traducano in barriere insuperabili, a causa di scale senza ascensore o gradini senza scivoli.

Si tratta dunque di **garantire i diritti di tutti**: alla mobilità, all'educazione, al lavoro, all'informazione, all'indipendenza, allo sport e agli svaghi. Ci sono leggi che prevedono aiuti per le persone con disabilità e prescrivono regole per evitare che siano esclusi, a cominciare dalla costruzione di edifici e mezzi pubblici accessibili. Ma molto dev'essere ancora fatto, anche sul piano della **sensibilità** e della **cultura**. Pensate ad esempio a chi parcheggia l'automobile nei posti col simbolo della sedia a rotelle solo perché ha fretta…

Eppure la disabilità è una condizione della vita umana in cui può capitare a tutti di trovarsi, anche solo per poche settimane o minuti: basta farsi male a una gamba o un braccio, o perdere gli occhiali. Un mondo costruito a misura di chi ha più problemi è più facile e bello per tutti.

Disabilità

Condizione di limitazione nelle proprie capacità di rapporto con l'ambiente, e dunque di minor autonomia, legata a problemi fisici congeniti o acquisiti. Sono disabilità, per esempio, l'impossibilità di camminare, i disturbi gravi della vista o dell'udito, i limiti intellettivi dovuti a certe malattie.

La salute 5

Vaccinazione
Somministrazione di un preparato che provoca una forma attenuata di malattia, stimolando le difese dell'organismo (gli anticorpi) specifiche per quella malattia e rendendolo così immune a essa.

Accanimento terapeutico
Situazione in cui le cure servono solo a prolungare la vita in stato di incoscienza o di pena, senza portare a miglioramenti o guarigione.

Testamento biologico
È l'atto con cui una persona esprime in anticipo le sue volontà circa i trattamenti medici ai quali essere o non essere sottoposta nell'eventualità di trovarsi in condizioni estreme.
In Italia non c'è una legge sul testamento biologico ed è in corso un dibattito acceso.

Salute e libertà, diritti a confronto

Torniamo a leggere l'**articolo 32** della Costituzione, nella seconda parte: «Nessuno può essere obbligato a un determinato trattamento sanitario se non per disposizione di legge. La legge non può in nessun caso violare i limiti imposti dal rispetto della persona umana».

Si stabilisce qui il principio generale che **le cure sono libere**, volontarie, a meno che la legge non le imponga nell'interesse della collettività, come nel caso delle **vaccinazioni**; mai, comunque, violando la dignità umana.

Oggi il diritto a rifiutare le cure si misura in situazioni delicatissime e complesse come quelle dei malati in **condizioni estreme**, in stato permanente di incoscienza o dolore. Ci si domanda se qualcuno possa decidere per loro quando sospendere trattamenti ormai inutili (**accanimento terapeutico**) o se non ci sia il diritto di esprimere in anticipo, in un **testamento**, la propria volontà (**testamento biologico**).

LA SCELTA DELLE PAROLE
RISPETTO DELLA PERSONA UMANA

Nel testo della nostra Costituzione la parola "**rispetto**" ricorre varie volte a proposito dell'osservanza di leggi e principi, ma solo qui, nell'articolo 32, che parla di salute e libertà in relazione alle cure, è riferita alla persona umana. C'è da chiedersi perché.

Nel 1946-47, quando venne scritta la Costituzione, era viva la preoccupazione che non si ripetessero situazioni di orribile sopraffazione e violenza su esseri umani come quelle vissute durante il nazismo in Germania, coi prigionieri dei Lager usati come **cavie umane**; sempre in Germania erano state approvate leggi che miravano a migliorare la "salute" della popolazione impedendo alle persone con difetti fisici o mentali di fare figli.

Bambini sopravvissuti alla prigionia del Lager di Auschwitz (Polonia, 1945).

Laboratorio

Conoscenze

1 Quale è la definizione di "salute" secondo l'Organizzazione mondiale della Sanità?

- a La mancanza di malattie.
- b Essere felici dell'aspetto del proprio corpo.
- c Lo stato di completo benessere fisico, mentale e sociale.

2 Completa l'articolo 32 della Costituzione che parla della salute.

«La Repubblica tutela la salute come fondamentale .... dell'individuo e interesse della .... , e garantisce cure .... agli indigenti.»

3 Indica quali sono le strutture, le figure professionali e i luoghi di cui il Servizio Sanitario Nazionale si serve per tutelare la salute dei cittadini.

4 In quali modi lo Stato si occupa della salute dei propri cittadini?

- a Controllando che gli ambienti in cui si lavora non siano nocivi.
- b Controllando i prodotti alimentari messi in vendita.
- c Vietando la commercializzazione di sigarette.
- d Facendo campagne di comunicazione per indicare le buone pratiche per mantenersi sani.

5 Abbina correttamente le definizioni ai seguenti termini.

- a. Assuefazione
- b. Dipendenza
- c. Spaccio
- d. Crisi di astinenza

1. Vendita illecita di sostanze stupefacenti
2. Abitudine e spinta a consumi crescenti di stupefacenti
3. Malessere causato dalla non assunzione di stupefacenti
4. Necessità di ricorrere all'uso di sostanze stupefacenti

6 L'accanimento terapeutico è:

- a l'atto con cui una persona esprime in anticipo le sue volontà sui trattamenti medici ai quali essere o non essere sottoposta se si trovasse in condizione di non poter esprimere la propria volontà.
- b un insieme di cure che servono solo a prolungare la vita in stato di incoscienza o di pena, senza portare a miglioramenti o guarigione.

Competenze

7 Costruisci un areogramma indicando quante ore dedichi, nell'arco della tua giornata, al sonno, quante all'attività sportiva e quante ne passi seduto a un banco o davanti alla tv, al computer o allo smartphone.

8 Spiega per quale motivo essere sani è interesse non solamente privato ma di tutta la collettività.

9 Il cemento-amianto, conosciuto sotto il nome commerciale di Eternit, fu largamente utilizzato per decenni nell'edilizia. Esso però disperde nell'ambiente una polvere gravemente dannosa per la salute. Nel 2009 è iniziato un processo contro l'azienda produttrice di Eternit. Costruisci una cronologia degli eventi, a partire dall'invenzione del materiale fino alle vicende processuali.

Compito di realtà

Il buongiorno si vede... dal breakfast
Realizzare una campagna di diffusione delle buone pratiche alimentari a colazione

1 Prima la colazione!

Abbiamo visto che lo **Stato** si fa carico, nel rispetto della carta costituzionale, della **salute** dei propri cittadini: si prende cura di loro quando si ammalano, garantisce loro assistenza medica grazie ai medici di base e alle strutture ospedaliere, ma svolge anche un'importante intervento a sostegno della prevenzione delle malattie. Molte, infatti, sono le campagne del Ministero della Salute a favore, in particolare, dell'**educazione a un'alimentazione corretta ed equilibrata**.

Nella vita di un **adolescente**, e in modo specifico di uno studente, la **prima colazione** è il pasto più importante. Al risveglio l'organismo, che è rimasto a digiuno per tutta la notte, ha bisogno di fare un adeguato "pieno di energia" per la giornata.

Una prima colazione bilanciata dovrebbe fornire all'incirca **500-600 chilocalorie**, che corrispondono ad almeno un quarto dell'energia di cui un giovane ha bisogno per la sua giornata, da impiegare nello studio e nelle attività sportive.

2 Un questionario e una campagna di informazione

Per sensibilizzare la popolazione scolastica sul tema della prima colazione, la tua classe è stata incaricata di svolgere un'**indagine** su come gli studenti della scuola fanno colazione, elaborare i **dati** emersi e realizzare una **campagna di informazione** su quale sia la prima colazione ideale.

L'indagine si svolgerà all'interno di tutte le classi dell'istituto con la distribuzione di un **questionario**. I dati ricavati dall'indagine verranno quindi trasformati in forma di **grafici e tabelle**.

La seconda fase del compito riguarderà la produzione di messaggi che invitino e stimolino ad adottare una **corretta alimentazione al mattino** prima di andare a scuola.

L'obiettivo dell'attività è quello di accrescere negli adolescenti **l'abitudine a una colazione sana e nutriente**, soprattutto prima dell'impegno scolastico; e, più in generale, di sviluppare una coscienza alimentare che aiuti i ragazzi a una maggiore consapevolezza e autonomia nelle scelte relative al proprio benessere e alla propria salute.

3 Le fasi del compito

a. Sotto la guida dell'insegnante, la classe prepara insieme il **questionario** da sottoporre a tutti gli studenti. Innanzitutto si chiede agli studenti se al mattino fanno colazione o no, e se la fanno solo in determinati giorni della settimana. A chi risponde no si chiede quali sono i motivi: mancanza di tempo o di fame o altro. A chi non la fa regolarmente si chiede di indicare quante volte alla settimana fa colazione, se ad esempio solo nel weekend.
A chi invece fa colazione, le successive domande possono essere: hai fame quando ti svegli? Ti piace quello che ti viene proposto? Dove fai colazione? Con chi la fai? Che cosa mangi? Quanto ci metti? ecc.

b. Una volta preparato il questionario, la classe si divide in tanti **gruppi** quante sono le classi della scuola. Il questionario viene distribuito in tutte le classi, come **modulo da compilare** in forma anonima.

c. Dopo alcuni giorni, ogni gruppo riporta in classe i questionari. Raccogliete i **dati** di ogni classe e per ogni domanda/risposta ricavate delle **percentuali** rispetto al totale dei soggetti che hanno preso parte all'indagine. Costruite dei **grafici** (areogrammi e istogrammi) sulle statistiche ricavate.

d. In questa fase, tutta la classe, coordinata dall'insegnante, confronta le **abitudini alimentari a colazione** della popolazione studentesca emerse dal questionario con le indicazioni che fornisce l'**INRAN**, l'Istituto nazionale di ricerca per gli alimenti e la nutrizione, e individua **cinque messaggi** da comunicare alla scuola per migliorare la buona pratica della prima colazione (possono essere generici, come ad esempio un invito a fare la prima colazione a chi non la fa; oppure più specifici, come ad esempio, sull'importanza di un alimento mancante – il latte, i cereali, la frutta... – o contro la cattiva abitudine di un cibo particolarmente dannoso).

e. La classe si divide in **cinque gruppi**. Ciascun gruppo lavora a realizzare un **manifesto** in cui si comunica, con testo e immagini, un **messaggio di educazione alimentare**. Il testo deve essere articolato in uno **slogan breve ed efficace**, una **spiegazione** di 200 caratteri e un'**immagine**.

f. I manifesti andranno affissi negli spazi comuni della scuola.

> *"L'Italia è una Repubblica democratica, fondata sul lavoro."*

Lezione 6
Il lavoro

Tempo di lavoro, tempo di scuola

"La scuola è il tuo lavoro", dicono a volte i genitori, gli insegnanti e in generale gli adulti. È vero solo in parte.

È vero perché un ragazzo passa buona parte della sua giornata a scuola, a fare i compiti a casa e a prepararsi per verifiche e interrogazioni, così come un adulto trascorre il suo tempo a lavorare. Quindi, **scuola e lavoro** sono attività che impegnano a fondo le persone, bambini, ragazzi o adulti che siano. Richiedono **attenzione**, **dedizione**, molto spesso **fatica**: perché per ottenere buoni risultati a scuola, come sul lavoro, ci vogliono concentrazione, studio, talvolta rinunce e sacrifici.

Però scuola e lavoro sono mondi completamente diversi tra loro, se non altro perché corrispondono a momenti molto diversi della vita di una persona. Un giovane entra – o perlomeno dovrebbe entrare – nel mondo del lavoro solo dopo aver compiuto, attraverso gli anni di scuola, un **percorso di educazione e di formazione** che è soprattutto umana, oltre che di sapere culturale e tecnico. La scuola è un'esperienza fondamentale per poter acquisire gli strumenti necessari ad affrontare con consapevolezza e maturità il mondo degli adulti, e quindi anche il mondo del lavoro.

Precario

Un lavoratore precario è un lavoratore che non può contare su un rapporto di lavoro continuo nel tempo. Questa condizione economica comporta che il lavoratore non possa pianificare con certezza il proprio futuro individuale e sociale (comprare una casa, sposarsi, fare dei figli ecc.).

Il lavoro intorno a te

Dell'importanza del lavoro, anche se per il momento non ti riguarda in prima persona, ti puoi rendere conto nella vita di tutti i giorni. Tutti gli adulti intorno a te sono "presi dal lavoro": dai tuoi genitori ai tuoi insegnanti, dalle centinaia e centinaia di persone che incontri mentre svolgono un'attività produttiva: l'autista dell'autobus e il benzinaio, il panettiere e il medico, il vigile e l'elettricista. Ma dell'importanza, e del valore del lavoro, ti puoi soprattutto accorgere quando manca: la **disoccupazione** e l'**occupazione precaria** – cioè l'incertezza di un lavoro, e quindi di un reddito – costituiscono problemi gravissimi che interessano una fascia sempre più larga di persone, in particolar modo proprio i giovani.

Il lavoro è un fondamento della nostra Repubblica

Quando, dopo la fine della Seconda guerra mondiale, venne scritta la Costituzione italiana, il lavoro fu riconosciuto come un **diritto fondamentale**. Fu posto cioè a fondamento, alla base, per costruirci sopra "la casa della Costituzione". Non è un caso che la parola "lavoro" ritorni per due volte fra le primissime righe del testo della carta costituzionale: nell'articolo 1 e nell'articolo 4.

La prima frase dell'**articolo 1**, che molti ricordano a memoria, dice che «L'Italia è una Repubblica democratica, fondata sul lavoro». Ma che cosa s'intende per "lavoro" come fondamento della Repubblica? Lo si può capire leggendo l'articolo 4: «La Repubblica riconosce a tutti i cittadini il diritto al lavoro e promuove le condizioni che rendano effettivo questo diritto. Ogni cittadino ha il dovere di svolgere, secondo le proprie possibilità e la propria scelta, un'attività o una funzione che concorra al progresso materiale o spirituale della società».

Il lavoro è dunque definito come un **diritto** e come un **dovere**. È probabilmente impossibile per uno Stato dare la certezza del lavoro a tutti i suoi cittadini, fare in modo che tutti siano occupati in un'attività lavorativa che garantisca una vita felice e sicura. Affermando però che **il lavoro è un diritto fondamentale**, uno Stato si impegna solennemente a fare in modo che questo diritto possa diventare realtà e i suoi cittadini possano avere posti e opportunità di lavoro, emettendo apposite leggi e facendole applicare e rispettare da tutti. E che cosa c'è di più solenne che scriverlo a chiare lettere nel proprio "atto di nascita", nel primo articolo della Costituzione?

LA SCELTA DELLE PAROLE — PROGRESSO

La parola "progresso" ha un **preciso significato** storico e ideologico: è, in altre parole, una parola-idea. A partire dalla seconda metà dell'Ottocento si è diffuso un pensiero filosofico, detto **positivismo**, che si basava sulla convinzione che l'uomo, nel corso millenario della sua storia, sia per natura portato a **migliorare** il suo modo di vivere. In particolare si pensava che l'acquisizione di nuove conoscenze scientifiche e l'incremento della produzione economica avrebbero assicurato all'umanità un futuro complessivamente migliore rispetto al passato. Questa visione "positiva" del mondo – che accomunava anche posizioni ideologiche contrapposte, come il **capitalismo** e il **socialismo** – è stata nel corso del Novecento messa in crisi da avvenimenti storici, come le due guerre mondiali e i ripetuti genocidi, che hanno minato la convinzione che l'umanità sia in grado "naturalmente" di tendere al meglio. Negli anni in cui la Costituzione venne scritta, la parola "progresso" aveva ancora un significato senza dubbi positivo.

Vivere meglio attraverso il lavoro

In periodi di crisi, come questo che stiamo attraversando, è difficile per lo Stato garantire il lavoro ai cittadini in modo da assicurare loro il benessere. Tuttavia c'è qualcosa nella nostra Costituzione che indica che il lavoro non può essere ridotto a una semplice attività economica, a qualcosa di esclusivamente produttivo. D'accordo: il lavoro serve per procurarsi da vivere, e possibilmente vivere bene. D'accordo: la ricchezza di un Paese dipende dalla sua economia, dai suoi dati di produzione interna – il PIL: Prodotto interno lordo –, dai movimenti di denaro dei suoi commerci.

Però il lavoro è anche qualcosa d'altro: più di un mezzo di sussistenza, più di una fonte di ricchezza e di benessere. Quando l'articolo 4 dice che ogni cittadino ha il dovere – quindi, non solamente il diritto – di dare il proprio contributo per far sì che la società, che è la somma di tutti i cittadini, migliori la propria condizione, usa la parola **progresso** e la associa a due aggettivi: **materiale** e **spirituale**. Il lavoro, secondo l'articolo 4, è lo strumento grazie al quale si progredisce: progresso materiale vuol dire vivere di più e meglio, avere maggiori risorse economiche a disposizione, ma non basta. L'uomo ha bisogno di stare bene con se stesso e con gli altri, quindi di migliorare la propria **condizione spirituale**. Il lavoro non deve solamente arricchire una persona ma anche **renderla più felice** all'interno di una società. Grazie al lavoro ci si confronta con gli altri, ci si sente parte di una comunità e si fa qualcosa di utile per essa.

Il lavoro come strumento di uguaglianza

È questo che vuol dire la nostra Costituzione quando afferma che la Repubblica italiana "**si fonda sul lavoro**": il lavoro è la base della nostra democrazia. Come l'uguaglianza tra i cittadini è il principio sul quale si fonda la democrazia, così il diritto-dovere al lavoro è il principio su cui si basa l'uguaglianza.

TEMI PER RIFLETTERE

REDDITO DI CITTADINANZA/REDDITO MINIMO GARANTITO

Nei Paesi del mondo occidentale toccati dalla **crisi industriale** che ha investito negli ultimi trent'anni l'Europa e il Nordamerica, e che ha provocato la chiusura delle fabbriche e la perdita di centinaia di migliaia di posti di lavoro, alcuni studiosi hanno messo in dubbio che il lavoro possa essere sempre il mezzo per vivere dignitosamente. In una società la **mancanza di lavoro** e la **povertà sociale** crescente pos-

Sbarco di migranti a Lampedusa.

Il lavoro 6

Se a tutti i cittadini viene offerta un'opportunità di lavoro «secondo le proprie possibilità e la propria scelta», lo Stato può riuscire a «rimuovere gli ostacoli di ordine economico e sociale, che, limitando di fatto la libertà e l'uguaglianza dei cittadini, impediscono il pieno sviluppo della persona umana e l'effettiva partecipazione di tutti i lavoratori all'organizzazione politica, economica e sociale del Paese», come si legge nella seconda parte dell'**articolo 3**.

Lo Stato tutela chi ha lavoro...

Lo Stato, quindi, nel rispetto della Costituzione, **deve tutelare il lavoro**, non solo come risorsa economica del Paese, ma perché è grazie al lavoro che un cittadino costruisce il proprio **ruolo nella società**, e non grazie al censo – cioè il prestigio di una persona derivato dalla sua ricchezza –, o grazie all'appartenenza a una classe privilegiata, come accadeva un tempo con la nobiltà e il clero.

La Costituzione dice (articoli 35-37) che lo Stato si impegna a **proteggere ogni forma di lavoro**, quello manuale e quello intellettuale, quello dipendente e quello autonomo e a far sì che i lavoratori "alle prime armi" possano imparare bene il loro mestiere (**formazione professionale**) e in seguito essere sempre aggiornati sulle conoscenze legate alla loro attività (**aggiornamento professionale**). Sempre lo Stato deve vigilare affinché un lavoratore dipendente non venga sfruttato: che percepisca dal datore di lavoro un **"giusto salario"**, proporzionato alla quantità e alla qualità dell'attività svolta; che non lavori più del numero di ore giornaliere stabilito per legge e che gli venga riconosciuto il diritto al riposo settimanale e alle ferie annuali retribuite. Una particolare attenzione è riservata alle **donne lavoratrici** e ai **lavoratori minorenni**, che devono godere dello stesso trattamento lavorativo degli adulti maschi, e non come succedeva un tempo essere pagati di meno proprio in quanto donne e minori.

Vignetta satirica di Altan.

---

sono avere conseguenze molto pericolose: i cittadini più poveri, sempre più numerosi, possono entrare in violento **conflitto** con quelli più abbienti, rompendo drammaticamente la coesione sociale di un Paese. Si è cominciato parlare allora di **reddito di cittadinanza**, chiamato anche **reddito di base** o **reddito minimo universale**.

Il reddito di cittadinanza è un contributo economico dello Stato che viene dato a tutti i suoi cittadini soltanto per il fatto di essere cittadini di quello Stato, per tutta la durata della vita. È un'entrata mensile garantita a tutti i singoli cittadini, indipendentemente dal fatto che lavorino o meno, guadagnino poco o tanto.

In alcuni Paesi del Nord Europa sono in fase di sperimentazione forme di reddito di cittadinanza come misura di **redistribuzione dei redditi**: in altre parole, fare in modo che in una società non ci sia un divario economico troppo ampio tra i pochi ricchi e i molti poveri. Questi strumenti sono naturalmente più facili da applicare in quelle realtà in cui la gestione delle spese dello Stato è più rigorosa e non c'è dispersione di risorse, come purtroppo accade nel sistema italiano. Chi è contrario all'introduzione del reddito di cittadinanza sostiene che dare al cittadino una pur minima certezza economica significa invitarlo a non impegnarsi a cercare un lavoro e che l'unica soluzione per combattere la povertà sia l'**aumento dei posti di lavoro**.

Il reddito di cittadinanza è diverso dal **reddito minimo garantito**, misura in vigore in quasi tutti i Paesi dell'Unione Europea, tranne che in Grecia, in Ungheria e in Italia, dove però sono in corso forme di sperimentazione in Friuli-Venezia Giulia e in Puglia.

Il reddito minimo garantito viene assicurato dallo Stato a chi è in età lavorativa e ha però un reddito inferiore a una determinata soglia di povertà, accertato da controlli. Inoltre, viene calcolato in base al **reddito del nucleo familiare**, e non del singolo. Infine, chi percepisce il reddito minimo garantito è tenuto a dimostrare di continuare a cercare lavoro.

Ammortizzatori sociali

Quando un'azienda è in crisi, lo Stato interviene con la **Cassa integrazione** per coprire, per un periodo di tempo determinato, parte degli stipendi. Dopo un periodo di Cassa integrazione, se un lavoratore viene licenziato, viene inserito nelle **liste di mobilità** in attesa di essere assunto, a condizioni agevolate, da altre aziende. Sempre nel caso di aziende in crisi, si può ricorrere, d'accordo con i sindacati, ai **contratti di solidarietà**: i lavoratori accettano di lavorare di meno e di percepire uno stipendio più basso per evitare che vengano licenziati dei colleghi di lavoro.
Lo Stato, inoltre, garantisce a chi ha perso il lavoro un **assegno di disoccupazione**.

... e chi non ce l'ha

Capita però che non tutti i cittadini riescano, attraverso il lavoro, a mantenere una dignitosa condizione di vita: o perché un lavoro non riescono ad averlo, o perché dal lavoro che svolgono non guadagnano a sufficienza. In questi casi interviene – o dovrebbe intervenire – lo Stato: si chiama **assistenza sociale** (art. 38). Chi perde il lavoro non per propria volontà ha diritto a un **sussidio di disoccupazione** che gli garantisca un **reddito minimo**; chi non può lavorare a causa di una malattia o di un grave infortunio riceve dallo Stato un **assegno di invalidità**; anche chi è ormai troppo vecchio per lavorare può contare su una **pensione** che gli passa lo Stato, restituendo quello che il lavoratore, nel corso della sua vita professionale, ha accantonato per il suo futuro.

ALLA PROVA DEI FATTI — La realtà della disoccupazione

Quello che dice la Costituzione a proposito dei temi del lavoro non corrisponde purtroppo alla realtà storica. Affermare che il lavoro è un diritto di tutti i cittadini non basta per garantire che tutti abbiano un'occupazione.
Gli esperti sostengono che anche nella società meglio organizzata e che gode della più florida economia **una percentuale di disoccupazione è "fisiologica"**, quindi inevitabile.
Tuttavia, i momenti di grave crisi economica come quello che stiamo vivendo sono caratterizzati dall'**incremento dei tassi di disoccupazione**.
Secondo i dati più recenti, in Italia la percentuale di **disoccupati** è intorno al 12% – calcolata rispetto ai cittadini in età da lavoro tra i 15 e i 64 anni – ma a preoccupare di più è il tasso di **disoccupazione giovanile**, oltre il 36%, che interessa la popolazione tra i 15 e i 24 anni e che indica come il mercato del lavoro nel nostro Paese sia pericolosamente stagnante.

Dagli anni in cui venne concepita la nostra Costituzione, la realtà del lavoro è radicalmente cambiata. Basti pensare che la **distribuzione della forza lavoro** era completamente diversa rispetto all'attuale: oggi, in Italia, più del 60% dei lavoratori rientra nel **settore terziario** – commercio, istruzione, sanità, trasporti, informazione, ricerca ecc. –, un dato che ha ribaltato le proporzioni che fino a qualche decennio fa assegnavano, come testimoniano le stesse denominazioni, il primato al **settore primario** (agricoltura) e al **settore secondario** (industria). L'abbandono delle campagne nel dopoguerra e la crisi dell'occupazione industriale a partire dagli anni Ottanta del Novecento hanno segnato un cambiamento che, tra le varie conseguenze, ha reso molto più difficile aspirare a un'occupazione a tempo indeterminato, il cosiddetto **"posto fisso"**. Nonostante l'attuazione di provvedimenti economici a sostegno dei lavoratori delle aziende in crisi – **ammortizzatori sociali** – non sempre i governi sono

Il lavoro 6

I sindacati e lo sciopero

La Costituzione consente ai lavoratori di far valere le proprie ragioni unendosi in associazioni chiamate **sindacati**. Quando un governo fa delle leggi che riguardano il mondo del lavoro, si deve confrontare con i sindacati e con i **datori di lavoro**, cioè gli **imprenditori**, che a loro volta si riuniscono in associazioni che li rappresentano a seconda della tipologia di attività produttiva (industria, commercio, agricoltura ecc.).

Ai lavoratori la Costituzione consente di esercitare il **diritto di sciopero**, seppure nell'ambito delle leggi che lo regolamentano. Lo sciopero è l'astensione dal lavoro: è uno **strumento di protesta** a cui i lavoratori, sospendendo le loro attività per alcune ore, o addirittura per più giorni, ricorrono nei momenti di maggior tensione e conflitto con la controparte dei datori di lavoro.

Il diritto di associarsi in sindacati di rappresentanza e il diritto allo sciopero sono per i cittadini italiani conquiste ottenute grazie alla Costituzione repubblicana, dopo che erano stati negati e osteggiati per tutto il ventennio fascista. A integrazione di quanto stabilisce la Costituzione sul tema del lavoro, nel 1970 è entrata in vigore una legge, chiamata **Statuto dei lavoratori**. Lo Statuto mette al riparo i lavoratori contro eventuali discriminazioni relative a opinioni religiose o politiche e li protegge da ingiusti licenziamenti.

riusciti ad affrontare il problema sociale della perdita di occupazione. Anzi, talvolta gli stessi governi hanno assecondato una **liberalizzazione del mercato del lavoro** che ha allargato in modo incontrollato i **contratti a tempo determinato** e le **collaborazioni precarie**. Lo stesso fenomeno della **globalizzazione**, che ha avvicinato realtà economiche e produttive un tempo lontanissime, ha prodotto gravi **perdite di occupazione**. Molte imprese hanno deciso di continuare le loro attività produttive in Paesi dove il "costo del lavoro" è molto più basso (**delocalizzazione**).

Tuttavia l'impegno preso fin dalle origini della nostra democrazia, attraverso la stesura della Costituzione, resta una garanzia affinché le politiche dei governi continuino a mettere il diritto al lavoro in cima agli interessi della cittadinanza.

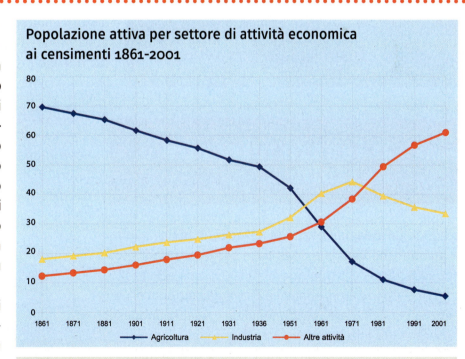

Il grafico, ricavato da dati ISTAT, mostra la situazione relativa agli occupati e alle persone in cerca di occupazione. Mancano i dati del 1891 e del 1941, anni in cui non sono stati effettuati i censimenti.

Due esempi di lavoro minorile nel mondo: a destra, un bambino del Bangladesh impiegato nella produzione di mattoni; sotto, un bambino ad Haiti che porta una pesante tanica di acqua.

La battaglia contro il lavoro minorile

La conquista del diritto di un bambino o di un ragazzo a non essere sfruttato come lavoratore è assai recente nella storia dell'uomo. Fino a poco più di mezzo secolo fa erano ancora in molti, in Italia, i ragazzi costretti dalle condizioni economiche a lavorare come adulti, e anzi a essere trattati peggio di loro. Se consideri realtà storiche e sociali diverse dalla nostra, dall'Asia all'Africa, all'America Latina, il **lavoro minorile** è un fenomeno che costituisce ancora una **drammatica piaga sociale**. Ma neppure in Italia e in Europa lo sfruttamento dei minori è stato del tutto debellato: succede ancora infatti che, in condizioni di particolare povertà o di abbandono, ragazzi più piccoli di 16 anni – il limite prima del quale è proibito lavorare legalmente – vengano impiegati in attività produttive più o meno lecite.

ALLA PROVA DEI FATTI

Il lavoro minorile in Italia

Secondo un'**indagine** condotta nel **2013**, in Italia i minori di 16 anni che lavorano sono circa 260.000, cioè il 5,2% di quella fascia di popolazione. Quasi il 22% dei ragazzi compresi tra i 14 e i 15 anni dice di aver già fatto un'esperienza di lavoro. L'areogramma indica a quale età questi minori hanno iniziato a lavorare.
Sempre tra i ragazzi di 14-15 anni, circa **il 41% aiuta i genitori nelle loro attività professionali**, quindi nel mondo delle piccole e piccolissime imprese a gestione familiare; il 33% li affianca nei lavori di casa, non nei semplici "lavoretti", ma in un impegno prolungato e continuato nel lavoro domestico o di cura. Il 12,8% lavora nella cerchia dei parenti e degli amici mentre il 13,8% per altre persone.

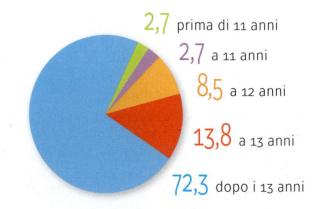

2,7 prima di 11 anni
2,7 a 11 anni
8,5 a 12 anni
13,8 a 13 anni
72,3 dopo i 13 anni

Il lavoro 6

TEMI PER RIFLETTERE

MIGRANTI AL LAVORO

Il tema dei **migranti** è strettamente legato al **lavoro** e ai suoi **diritti**. La stragrande maggioranza di chi lascia il proprio Paese per emigrare è spinta dal desiderio di **migliorare le proprie condizioni** attraverso l'ottenimento di un **lavoro dignitoso**. Chi fa questa scelta è disposto in molti casi a mettere in gioco la propria stessa vita.
Dalla fine dell'Ottocento e fino agli anni Sessanta del secolo scorso l'Italia è stata una nazione dalla quale si partiva alla ricerca di un mondo migliore.
Milioni di italiani hanno cercato e qualche volta trovato lavoro e fortuna in Nordamerica, in Sudamerica, in Australia oppure, soprattutto nel secondo dopoguerra, in Paesi europei come la Francia, la Germania, il Belgio. Infatti, anche dopo l'entrata in vigore della nostra Costituzione, che lo sancisce come un diritto fondamentale, assicurare un lavoro a ogni cittadino italiano non è mai stato facile. Così, il lavoro, i cittadini italiani hanno dovuto cercarselo **all'estero**; e hanno vissuto sulla propria pelle le **ostilità**, le **paure**, le **diffidenze** di cui oggi sono oggetto le migliaia di migranti che arrivano nel nostro Paese per dare una speranza alle proprie esistenze. In questo mutato quadro storico il principio costituzionale del lavoro come diritto e dovere di cittadinanza viene messo ancora di più alla prova di fronte a **sfruttamento e discriminazioni**.
Negli ultimi decenni l'emigrazione italiana all'estero viene di solito etichettata come "**fuga di cervelli**". Infatti una considerevole percentuale dei lavoratori italiani all'estero è fatta di **giovani laureati** che non riescono in patria a trovare un inserimento nel mondo del lavoro adeguato alla loro preparazione culturale: si tratta perlopiù di **ricercatori scientifici** o di **esperti di nuove tecnologie** che trovano molto più allettanti le offerte del mercato del lavoro in terra straniera, sia dal punto di vista economico sia per le possibilità di ulteriore **crescita professionale**. Spesso si tratta di una forma di **emigrazione temporanea**: dopo un periodo di lavoro all'estero, molti di questi lavoratori, potendo contare su un'importante esperienza professionale, ritornano a lavorare in Italia.

Tre immagini di migrazione: immigrati in attesa a Ellis Island (New York), all'inizio del Novecento; un barcone di profughi africani nei pressi delle coste del Senegal, nel 2008; profughi in attesa di varcare il confine tra Serbia e Croazia, nel 2015.

Laboratorio

Conoscenze

1 La frase «L'Italia è una Repubblica democratica, fondata sul lavoro», che si trova nell'articolo 1 della nostra Costituzione, significa che:

- [a] tutti i cittadini hanno il dovere di lavorare.
- [b] lo Stato è obbligato per legge a far lavorare tutti i suoi cittadini.
- [c] lo Stato assume come impegno l'obiettivo di dare a tutti i suoi cittadini un lavoro grazie al quale guadagnarsi da vivere e stare bene nella società.

2 Qual è il limite di età sotto il quale la legge italiana vieta il lavoro ai minori?

- [a] 14 anni [b] 15 anni [c] 16 anni

3 Nonostante questo limite, quanti sono in Italia, secondo le statistiche, i ragazzi che, pur non avendo ancora raggiunto l'età in cui la legge lo consente, dichiarano di lavorare in modo continuativo?

- [a] 3,1% [b] 5,2% [c] 6,9%

4 Gli ammortizzatori sociali sono le misure che lo Stato prende per:

- [a] contrastare il calo delle nascite.
- [b] aiutare i lavoratori in difficoltà.
- [c] aumentare l'occupazione.

5 La Costituzione italiana assicura ai lavoratori il diritto di:

- [a] scioperare. [b] associarsi in un sindacato. [c] trovare un lavoro.

6 I sindacati sono:

- [a] associazioni di lavoratori. [b] associazioni di imprenditori. [c] collaborazioni precarie.

Competenze

7 Spiega con le tue parole perché il lavoro, secondo la Costituzione italiana, è un mezzo per rendere i cittadini tutti uguali, e quindi è una garanzia di democrazia.

8 Spiega oralmente con le tue parole le differenze tra lavoratore dipendente e lavoratore autonomo.

9 Commenta oralmente questo passo dell'articolo 4 della Costituzione.
«Ogni cittadino ha il dovere di svolgere, secondo le proprie possibilità e la propria scelta, un'attività o una funzione che concorra al progresso materiale o spirituale della società».

10 Con l'aiuto del grafico di pagina 57, descrivi oralmente come sono cambiate, nel corso degli ultimi cinquant'anni, le percentuali di lavoratori occupati nell'agricoltura, nell'industria e nei servizi (indicati nel grafico con la linea rossa).

11 Cerca sul dizionario i significati, non relativi al mondo del lavoro, dell'aggettivo "precario".

Compito di realtà

L'emblema nazionale
Ridisegnare il "logo" della Repubblica per rappresentare meglio la società attuale

1 Rifletti sull'emblema nazionale

Come spesso succede alle cose che si vedono dappertutto, non ci si fa più neppure caso. Eppure l'**emblema** – il logo, si dice adesso – della Repubblica Italiana è visibile sui bolli postali, sulle targhe delle auto, nelle insegne dei pubblici uffici. Esso inoltre contiene un segno che rimanda proprio al lavoro. Osserviamo insieme il logo nelle sue varie parti.

Al centro c'è una **stella bianca** a cinque punte, che fin dall'Ottocento è stata utilizzata come simbolo dell'Italia unita sotto il regno dei Savoia.

In basso c'è un **nastro rosso**, con scritto, in caratteri maiuscoli capitali – come nelle epigrafi degli antichi Romani – "REPVBBLICA ITALIANA".

Sotto la stella si vede una **ruota dentata**, in grigio perché è uno strumento, un ingranaggio d'acciaio. Ed è proprio quello il simbolo del lavoro.

A destra vediamo un ramo di **quercia**, simbolo di forza e di durata nel tempo, e a sinistra un ramo d'**ulivo**, simbolo di pace. Quercia e ulivo sono piante che identificano la natura geografica e ambientale dell'Italia.

2 Partecipa al concorso per ridisegnare l'emblema nazionale

Anche i simboli, però, fanno il loro tempo. Il mondo del lavoro, lo abbiamo detto nella Lezione, nel mondo e in Italia, è cambiato parecchio rispetto a oltre settant'anni fa, quando è stata fondata la Repubblica Italiana. Ad esempio, la "ruota dentata" fa riferimento a una realtà in cui l'**industria**, la fabbrica poteva essere presa come simbolo di un'attività lavorativa. Ora il mondo del lavoro è decisamente diverso.
Immagina quindi che il governo indìca un **concorso per "ridisegnare" l'emblema della Repubblica italiana** e che la tua scuola decida di partecipare, come tante altre, a questo concorso, proponendo nuove interpretazioni del "logo".

3 Le fasi del compito

a. Lavorate in squadra, divisi in **gruppi di 4 o 5 studenti**.

b. Discutete insieme per trovare un **simbolo più moderno che rappresenti il tema del lavoro oggi**. Ad esempio: quale settore economico sceglierete? Quale specifico oggetto vi sembra rappresentare meglio il mondo del lavoro?
Potete cercare ispirazione anche in rete.

c. Al simbolo del lavoro affiancate almeno **altri due simboli** (l'equivalente dei rami di quercia e di ulivo nel logo attuale) adatti a rappresentare le espressioni chiave che si trovano nei primi 12 articoli della nostra Costituzione, ovvero nei *Principi fondamentali*:
- democrazia
- lavoro
- popolo
- libertà
- paesaggio
- pace
- uguaglianza sociale
- ricerca scientifica e tecnica
- unità nazionale
- cultura
- patrimonio storico-artistico
- giustizia

Anche qui, confrontatevi tra voi e arrivate a una decisione condivisa e motivata.

d. Ognuno per conto proprio, disegnate "in brutta" un **logo** che riunisca i **tre simboli** che avete scelto e che contenga anche la scritta REPUBBLICA ITALIANA. Confrontate il vostro lavoro con quelli dei compagni, votate democraticamente per scegliere il più adatto e decidete insieme eventuali aggiustamenti per migliorarlo.
A questo punto, potete disegnare il vostro logo definitivo in bella su un foglio da disegno, o anche provare a realizzarlo al computer con un programma di grafica.

e. Infine, spiegate le varie parti del vostro logo, come è stato fatto nel punto 1.

> "La Repubblica tutela il paesaggio e il patrimonio storico e artistico della Nazione."

Lezione 7
Ambiente, paesaggio, arte

Guardati intorno...

L'ambiente, il paesaggio, l'arte: cose che possono sembrare lontane e in realtà sono vicinissime. L'**ambiente**, in senso più generale, è tutto quello che ti circonda, anche in città: compresa l'aria che respiri, l'acqua che bevi (specialmente se è quella del rubinetto), i suoni, i rumori del traffico, gli odori che senti camminando per strada. Per **ambiente naturale** si intende invece la natura non modificata, o poco modificata dall'uomo, come la puoi vedere nei parchi naturali, lungo alcuni fiumi, in montagna, magari durante una gita o in vacanza.

ALLA PROVA DEI FATTI — Paesaggi rubati

La Costituzione stabilisce che il **paesaggio** e l'**arte** sono **patrimonio di tutti** e per questo vanno conservati e protetti. Come si spiega allora che lunghi tratti delle nostre coste siano invasi e imbruttiti da edifici abusivi, ossia case costruite senza i permessi che sarebbero necessari, magari vicinissime al mare?
Il fenomeno dell'**abusivismo edilizio** non riguarda solo il nostro Paese, ma l'Italia ne è particolarmente colpita. Negli anni Sessanta e Settanta del Novecento, al tempo della **ricostruzione** dopo la guerra e del **veloce sviluppo economico** (il cosiddetto "boom"), furono soprattutto le città a espandersi in modo disordinato e irrispettoso delle leggi urbanistiche ed edilizie.

In seguito, il fenomeno delle costruzioni illegali ha riguardato in prevalenza le **seconde case**, ossia le abitazioni in cui le famiglie non vivono abitualmente ma vanno in vacanza d'estate o d'inverno. Il risultato è comunque che molti edifici sono costruiti dove non dovrebbero, in

GLI ECOMOSTRI STORICI ABBATTUTI NEGLI ULTIMI VENT'ANNI

Ambiente, paesaggio, arte

Il **paesaggio** è il particolare insieme di elementi naturali e umani che contraddistingue un territorio: per esempio, la campagna toscana è caratterizzata da colline, vigneti, file di cipressi, fattorie ecc.; la città di Venezia da canali, vaporetti, palazzi d'epoca ecc.

Quanto all'**arte**, non c'è bisogno di entrare nei musei per trovarla. La incontri tutti i giorni nelle chiese e nelle case più belle, nelle piazze e nelle strade della tua città. E non c'è forse almeno un quadro, o una semplice stampa, appeso alle pareti della tua casa o a casa di qualche tuo amico?

La tutela del paesaggio

L'**articolo 9** della Costituzione, incluso tra i principi fondamentali, afferma: «La Repubblica promuove lo sviluppo della cultura e la ricerca scientifica e tecnica. Tutela il paesaggio e il **patrimonio** storico e artistico della Nazione».

È un'affermazione importante e carica di significato perché lega lo sviluppo della conoscenza (la cultura e la ricerca scientifica), ossia il nostro **futuro**, alla conservazione del **presente** (tutela del paesaggio) e alla custodia del **passato** (tutela del patrimonio storico e artistico).

Il riferimento al **paesaggio** appare particolarmente lungimirante, cioè capace di guardare lontano: quando la Costituzione fu scritta, il problema immediato era quello di ricostruire le case, le fabbriche, le vie di comunicazione distrutte dalla Seconda guerra mondiale, che era appena finita. Eppure, si sentì subito il bisogno di proteggere nel tempo le bellezze naturali e le "impronte" delle attività umane fissate e ben visibili nei paesaggi italiani.

Oggi, in una situazione cambiata, il concetto di **protezione del paesaggio** si è allargato a quello di **salvaguardia dell'ambiente e della natura**: due specifiche parole che nella nostra Costituzione non si trovano perché l'urgenza della **crisi ecologica**, al tempo, non si era ancora manifestata.

> **Patrimonio**
> Secondo il significato delle parole latine da cui deriva, è l'insieme delle cose appartenenti al *pater familias*, cioè al "padre di famiglia" al quale, nell'antica Roma, era affidato il compito di custodire le memorie degli antenati.

> **Ecologia**
> È la scienza che studia i rapporti tra gli organismi viventi e l'ambiente che li circonda. La parola deriva dal greco *oikos*, "casa". Le persone e le organizzazioni che si occupano della protezione dell'ambiente naturale sono dette ecologiste o ambientaliste.

aree tutelate da vincoli paesaggistici, ambientali e storici o in luoghi pericolosi, esposti a frane o inondazioni.
Tra le cause del fenomeno:

- l'iniziale insufficienza delle **leggi di tutela del territorio** e i ritardi nel pianificare lo sviluppo urbanistico dei centri abitati;
- la **mancanza di controlli e di vigilanza** per impedire le costruzioni abusive;
- il fatto che in certe situazioni l'abusivismo si sia talmente diffuso da risultare "normale", fino a essere visto non più come un reato ma come un **interesse da difendere** (anche coinvolgendo amministratori pubblici disonesti).

In realtà, l'abusivismo edilizio manifesta **il prevalere degli interessi privati e individuali sul senso dei beni e delle regole comuni**: il paesaggio "di tutti" viene considerato "di nessuno", e ognuno si sente dunque libero, se può, di appropriarsene a proprio vantaggio.

Una manifestazione a Bari, davanti a Punta Perotti, complesso immobiliare costruito dopo il 1990. In seguito a un'inchiesta giudiziaria, il complesso è stato demolito nel 2006 e al suo posto è stato realizzato un parco pubblico.

Lo sfruttamento del Pianeta

Negli ultimi decenni è aumentata sempre più la **preoccupazione per la salute della Terra**, la "casa" nella quale abitiamo e dalla quale preleviamo le risorse necessarie per vivere. Le **attività umane** hanno sempre esercitato effetti sulla natura, legati alla necessità di alimentarsi, **coltivare la terra** (per questo in parte spogliata di boschi), ricavare l'**energia** necessaria per il riscaldamento, il movimento, il lavoro. La pressione sull'ambiente si è però trasformata oggi in uno **sfruttamento intensivo delle risorse del Pianeta** e in una minaccia ai suoi equilibri. Contribuiscono a questo **problema globale**:

- la rapida **crescita della popolazione mondiale** che dal 1900 al 1960 è raddoppiata raggiungendo i 3 miliardi, ha superato i 7 nel 2013 e, secondo le stime, supererà gli 8 miliardi nel 2025 e i 9 nel 2050;
- il **livello dei consumi** nei Paesi ricchi del mondo e in Paesi di recente e rapido sviluppo, come la Cina e l'India;
- il ricorso ancora molto alto (per circa l'80% del totale) a **fonti energetiche**, come il carbone e soprattutto il petrolio e il gas, **non rinnovabili**, cioè destinate prima o poi a esaurirsi, e responsabili in gran parte dell'inquinamento dell'aria attraverso i gas emessi dalla loro combustione.

Paesi più popolosi (in migliaia di abitanti)					
2013		2025		2050	
Cina	1.354.000	Cina	1.448.984	India	1.620.051
India	1.259.000	India	1.418.744	Cina	1.384.977
Stati Uniti	314.000	Stati Uniti	350.626	Nigeria	440.355
Indonesia	245.000	Indonesia	282.011	Stati Uniti	400.853
Brasile	194.000	Nigeria	239.874	Indonesia	321.377
Mondo	**7.162.119**	**Mondo**	**8.083.413**	**Mondo**	**9.550.945**

La tabella mostra i cinque Paesi più popolosi al mondo e due proiezioni per il 2025 e il 2050.

TEMI PER RIFLETTERE
NELL'INCERTEZZA, MEGLIO PREVENIRE

Può sembrare un principio banale, ed è invece una delle principali "conquiste" del pensiero ecologista. I **sistemi ambientali** sono per loro natura complessi ed è difficile descriverli con precisione, e ancor più prevedere i loro mutamenti nel tempo. Ora, il **principio di precauzione** stabilisce che anche quando i dati scientifici non consentono una valutazione completa del rischio, occorre agire per prevenirlo. Così, si può dibattere sui **dati del riscaldamento globale** (in inglese, *global warming*) e discutere sui suoi possibili effetti, come gli scienziati in effetti fanno, ma occorre comunque **intervenire con politiche che ne contrastino gli effetti**.

Il principio di precauzione è stato raccomandato dalla **Conferenza sull'Ambiente e lo Sviluppo** di Rio de Janeiro, nel 1992, e adottato dall'Unione Europea in materia di ambiente e di salute degli esseri umani, degli animali e delle piante.

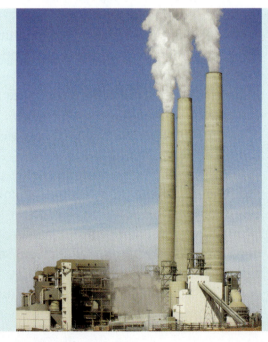

L'inquinamento della Terra

Le conseguenze sono gravi sia per la natura sia per l'uomo. Tra le altre:

- l'**inquinamento atmosferico**: gli scarichi degli impianti industriali, dei mezzi di trasporto, dei sistemi di riscaldamento "sporcano" l'aria che respiriamo, danneggiando la nostra salute. Le emissioni di gas prodotti dall'uomo, e in particolare dell'**anidride carbonica**, contribuiscono ad aumentare pericolosamente l'**effetto serra**, un fenomeno di per sé naturale e anzi fondamentale per la vita sulla Terra. Questo eccesso di gas nell'atmosfera, infatti, provoca un grave innalzamento della temperatura e, di conseguenza, il **riscaldamento globale del Pianeta**, capace di alterare gli equilibri climatici e naturali con una serie di effetti minacciosi: dallo scioglimento dei ghiacciai all'innalzamento del livello dei mari, dalla scomparsa degli habitat di molte specie animali all'estendersi dei deserti;
- l'**inquinamento delle acque** è dovuto invece agli scarichi dei rifiuti delle industrie e delle case, dei pesticidi e dei fertilizzanti chimici usati in agricoltura, che si riversano nei **fiumi** e nei **mari**. Inoltre l'aumentato consumo di acqua, soprattutto in agricoltura e nell'allevamento, ha già impoverito le riserve in varie aree del mondo;
- l'**inquinamento dei suoli**: rifiuti, concimi chimici e pesticidi si accumulano nei suoli contaminandoli.

TEMI PER RIFLETTERE

UNA MONTAGNA DI RIFIUTI

Si stima che **ogni anno** si producano **in Italia** oltre **150 milioni di tonnellate di rifiuti**: abbastanza da formare, ammucchiandoli, una montagna alta più del Monte Bianco. Il problema dello smaltimento dei rifiuti legati ai consumi domestici e industriali è planetario, e una delle principali risposte è la **raccolta differenziata**.

Accumulare i rifiuti tutti insieme in un unico luogo, una **discarica**, ossia una buca nel terreno, o un inceneritore, ossia un impianto in cui i rifiuti vengono bruciati, limita ma non elimina l'inquinamento dei suoli e dell'aria. Separati, i rifiuti si possono trasformare in una **risorsa**:

- **vetro**, **carta**, **plastica**, **metalli** possono essere riciclati, cioè rilavorati e riutilizzati: un sacchetto di plastica, per esempio, invece di galleggiare per centinaia di anni nelle acque del mare, può servire a produrre altri imballaggi, una bottiglia di vetro a produrre altri oggetti di vetro e così via;
- i **rifiuti organici biodegradabili**, come gli avanzi di cibo (l'"umido"), se raccolti e trattati separatamente possono trasformarsi in un prezioso fertilizzante naturale, il *compost*;
- ai **rifiuti tossici e pericolosi** (scarichi industriali ma anche oggetti di uso comune come pile e medicinali scaduti) sono riservate procedure di smaltimento specifiche a tutela della salute.

In Italia il **problema dello smaltimento dei rifiuti** è particolarmente serio, tanto che sarà capitato anche a te di sentirne parlare come "**emergenza**" a proposito di alcune regioni e città. Le esperienze positive di raccolta differenziata e riciclo vanno aumentando, ma in alcune situazioni la gestione dei rifiuti resta inefficiente o, peggio, è sottoposta al controllo della **criminalità organizzata**, che ne ricava enormi profitti. Le cosiddette **ecomafie** si incaricano di smaltire illegalmente, per conto di produttori spregiudicati, anche rifiuti tossici e pericolosi. Accade così che quei rifiuti vengano abbandonati e nascosti in vari modi, seppelliti in cave, affondati in mare, bruciati al di fuori degli inceneritori, esportati clandestinamente nei Paesi più poveri.

Pannelli solari e pale eoliche: due modi di ottenere energia pulita.

Biodegradabilità

Caratteristica delle sostanze organiche, e anche di alcuni composti sintetici, di potersi decomporre in elementi semplici e assorbibili dalla natura.

Arte classica

È l'arte della civiltà greco-romana (V secolo a.C.-V d.C.), che ebbe i suoi momenti più alti in Grecia, ad Atene, nel V secolo a.C., e a Roma nell'età del primo impero (I secolo a.C.-I secolo d.C.).

Dalle parole ai fatti

La crescente consapevolezza di questa situazione di rischio per il nostro Pianeta ha portato alla nascita di una **cultura ambientalista** che si batte per affermare un principio di **responsabilità** e **rispetto** dell'uomo nei confronti della natura. Da un lato si chiedono ai governi degli Stati **politiche economiche sostenibili**, che cioè salvaguardino la disponibilità di risorse naturali per le generazioni future senza esaurirle e sprecarle. Dall'altro lato, si sollecita un **cambiamento nella sensibilità collettiva e nei comportamenti individuali**.

Gli studi promossi dall'ONU e dalle organizzazioni internazionali che si occupano dell'ambiente concordano sulle "cose giuste" da fare. Per prevenire i rischi del riscaldamento globale occorre ridurre il più possibile le emissioni mondiali di gas serra, dunque sostituire progressivamente ai combustibili fossili (gas e petrolio) **fonti di energia rinnovabili e pulite** che sfruttano la forza dell'acqua (energia idroelettrica e mareomotrice), del vento (energia eolica), del sole (energia solare), il calore proveniente dalla Terra (energia geotermica) o ricavabile dai rifiuti **biodegradabili** (biomassa). Accordi internazionali, a partire dal **Protocollo di Kyoto** del 2005, e tra singoli Paesi cercano faticosamente di passare dalle parole ai fatti, fissando obiettivi concreti.

Altre necessità riconosciute sono quella di **riciclare** i rifiuti e i materiali inquinanti, come abbiamo visto, e quella di **ridurre i consumi e gli sprechi**, che si traducono in costi e ingiustizie: la FAO (Organizzazione delle Nazioni Unite per l'alimentazione e l'agricoltura) stima che la quantità di alimenti gettata via ogni anno da produttori e consumatori nei Paesi ricchi basterebbe a nutrire 2 miliardi di persone nel mondo.

Tutti possono fare la propria parte: i **governi nazionali** adeguando le loro leggi; le **amministrazioni cittadine** incoraggiando per esempio l'uso della bicicletta e degli autobus al posto delle automobili per ridurre l'inquinamento urbano; e anche **tu, nei tuoi gesti quotidiani**. Se non getti mai per terra una cartaccia o una gomma da masticare, se usi le cose con cura, facendole durare, se non lasci il rubinetto aperto inutilmente, stai facendo la cosa giusta.

L'arte, patrimonio della Nazione

Il patrimonio artistico italiano è tra i più vasti e importanti al mondo e anche tra i più diffusi: in quasi tutti i borghi, anche i più piccoli, si trovano una chiesa o un palazzo antico, una statua, un dipinto, un oggetto prezioso. È il risultato della storia millenaria del nostro Paese, che ha conosciuto altissimi momenti di civiltà: nei secoli dell'**arte classica**, greca e romana, in quelli del Medioevo e del Rinascimento, nato in particolare a Firenze.

E NEGLI ALTRI PAESI?

L'UNIONE EUROPEA PER L'AMBIENTE

La *Carta dei diritti fondamentali dell'Unione Europea* (articolo 37) dice: «Un livello elevato di **tutela dell'ambiente** e il **miglioramento della sua qualità** devono essere integrati nelle politiche dell'Unione e garantiti conformemente al **principio dello sviluppo sostenibile**».

All'impronta verde dell'Unione contribuiscono le **26.000 aree naturali protette** della rete Natura 2000, che coprono quasi un quinto del territorio nei diversi Paesi: questi siti, detti "di interesse comunitario", tutelano ambienti naturali fragili e preziosi, con specie animali e vegetali in pericolo, senza però escluderne le attività umane. L'Unione Europea incoraggia anche il passaggio a **un'economia basata su fonti di energia rinnovabili e non inquinanti**. I due Paesi in questo più virtuosi sono oggi l'Austria e la Svezia.

Ambiente, paesaggio, arte 7

Roma, Venezia, Napoli, Firenze sono centri d'arte di rilevanza mondiale visitati ogni anno da milioni di turisti. Questa ricchezza è, come dice la Costituzione, un "patrimonio", cioè un bene che abbiamo ricevuto in eredità e di cui siamo pertanto **proprietari e responsabili**: un bene da conservare con cura ma prima di tutto da **conoscere**. L'arte è **libera** (art. 33 della Costituzione) ed è un **piacere** di cui ognuno ha diritto di godere (art. 27 della *Dichiarazione universale dei diritti dell'uomo*): inoltre, è un elemento di educazione e di consapevolezza della nostra identità culturale.

La conservazione del patrimonio artistico è tuttavia anche un importante **impegno economico**. Il sito del Ministero per i Beni e le Attività culturali riporta l'elenco dei **grandi restauri in corso**, dagli Uffizi di Firenze al Colosseo di Roma; interventi di recupero di dipinti, monumenti, edifici rovinati dal tempo, realizzati con criteri e mezzi scientifici, sono condotti di continuo in tutte le regioni e le città. Eppure non bastano. Sono molte le chiese, i palazzi, i musei chiusi da tempo in attesa di lavori, e siti archeologici d'importanza mondiale come Pompei sono minacciati da crolli. L'Italia è chiamata a un **investimento straordinario sul proprio futuro**.

LA SCELTA DELLE PAROLE

NAZIONE

L'articolo 9 della Costituzione parla di «**patrimonio storico e artistico della Nazione**», e non dello Stato o del Paese. Non è una scelta casuale. Lo **Stato** è l'organizzazione politica e giuridica di una popolazione all'interno di confini territoriali definiti, mentre il termine Nazione si riferisce alle radici culturali, linguistiche e storico-geografiche che fanno di un popolo una comunità: l'Italia era una Nazione anche prima della sua unificazione nel 1861. Parlare di **Nazione** significa dunque sottolineare che **il paesaggio e l'arte sono beni comuni**, appartenenti a tutti i cittadini. **Paese** è un termine più generico, con vari possibili significati oltre a quello di piccolo centro abitato o villaggio: può essere usato come equivalente di Stato, Nazione, insieme dei cittadini o anche patria, ossia luogo in cui si è nati e a cui ci si sente legati.

TEMI PER RIFLETTERE

TESORI DELL'UMANITÀ

Nel **1972** la Conferenza generale dell'**UNESCO** (l'organizzazione dell'ONU per l'Educazione, la Scienza e la Cultura) stabilì di individuare **beni ("siti") di eccezionale importanza culturale e naturale** nei diversi Paesi del mondo e di tutelarli come **patrimoni dell'Umanità**. A oggi questi tesori, della cui conservazione i singoli Paesi devono rispondere non solo ai propri cittadini, ma al mondo intero, sono oltre mille. L'Italia è il Paese in cui ce ne sono di più, ben 51: uno in più della Cina, più del doppio degli Stati Uniti. Sono patrimoni dell'Umanità, a titolo di esempio, centri storici di città come Napoli, Roma, Urbino, Firenze, Siena, Verona, Venezia con la sua laguna; singoli monumenti come la basilica di San Francesco ad Assisi o Villa Adriana a Tivoli; luoghi urbani come la piazza dei Miracoli di Pisa; siti archeologici come Pompei e intere aree come la Costiera Amalfitana, le Cinque Terre, le Dolomiti.

Il centro storico di San Gimignano, in Toscana, patrimonio dell'Umanità dal 1990.

Laboratorio

Conoscenze

1 Indica quali dei seguenti ambienti possono essere considerati ambienti naturali.
- [a] Montagna
- [b] Centro commerciale
- [c] Spiaggia
- [d] Scuola
- [e] Parco urbano
- [f] Canale

2 Perché l'abusivismo edilizio è un fenomeno diffuso?
- [a] Perché mancano leggi di tutela del territorio.
- [b] Perché mancano i controlli e la vigilanza.
- [c] Perché non si costruiscono abbastanza case.

3 Secondo le stime demografiche, nel 2050 quale sarà la nazione più popolosa del mondo?
- [a] La Cina
- [b] L'India
- [c] Gli Stati Uniti
- [d] La Nigeria

4 Su quale tipo di inquinamento ambientale incidono profondamente l'aumento dell'effetto serra e il riscaldamento globale del Pianeta?
- [a] Sull'inquinamento delle acque
- [b] Sull'inquinamento dei suoli
- [c] Sull'inquinamento atmosferico

5 Per prevenire i rischi del riscaldamento globale che cosa è necessario fare? Completa in modo corretto la seguente frase.

È necessario ridurre il più possibile le emissioni mondiali di .... serra, dunque sostituire progressivamente ai combustibili .... (gas e petrolio) fonti di energia .... e pulite che sfruttano la forza dell'acqua (...........................), del vento (...........................), del sole (energia solare), il .... proveniente dalla Terra (energia geotermica) o ricavabile dai .... (biomassa).

6 Quanti sono i siti italiani censiti nella lista UNESCO dei patrimoni dell'Umanità?
- [a] 18
- [b] 35
- [c] 51

Competenze

7 Dai una definizione di ecomafie in un testo di circa 200 caratteri.

8 Ogni territorio ha le sue caratteristiche, che sono date dalla sua naturale conformazione e da come gli uomini lo hanno trasformato. Scegli tre elementi del paesaggio del tuo territorio. Devono essere degli elementi-simbolo, che lo rappresentano bene.
Fotografali e poi, per ciascuna immagine, scrivi una didascalia in cui spieghi perché li consideri emblematici del territorio in cui vivi.

9 Cerca su Internet informazioni sui siti italiani che l'UNESCO ha dichiarato patrimonio dell'Umanità. Poi scrivi quanti sono indicati come centri storici di città, quanti come siti archeologici, quanti come edifici architettonici e quanti come insieme paesaggistico.

Compito di realtà

Ti presento la mia città
Accompagnare un amico che viene da lontano a conoscere le bellezze del luogo in cui si vive

1 Conoscere e amare il proprio territorio

La nostra **Costituzione** ci invita ad avere cura del luogo in cui viviamo. L'**articolo 9** dice che la Repubblica «tutela il paesaggio e il patrimonio storico e artistico della Nazione». Siccome però lo Stato siamo noi cittadini, ci dobbiamo occupare tutti in prima persona del territorio in cui viviamo. Per poterlo fare è necessario conoscerlo almeno un po'. Si dice spesso che proprio le sue incomparabili bellezze ambientali, paesaggistiche e storico-artistiche dovrebbero essere le più importanti risorse economiche del nostro Paese. L'Italia infatti detiene il record di siti censiti dall'UNESCO come patrimonio dell'Umanità.
Se ben organizzata e strutturata, l'**attività turistica**, molto più di quanto non lo sia oggi, potrebbe davvero costituire una **fonte di ricchezza** per l'economia nazionale. L'industria turistica tuttavia ha dei limiti e delle "controindicazioni". Lo **sfruttamento intensivo** porta a fruire della bellezza o dell'eccezionalità di un posto spesso in modo consumistico e superficiale, al punto da rendere un po' tutti uguali luoghi differenti per caratteristiche ambientali o culturali. È il rischio del **turismo di massa**: le nostre città d'arte sono spesso invase e assediate da eserciti di turisti, che visitano sempre gli stessi posti percorrendo tutti gli stessi itinerari. Un modo diverso di conoscere un luogo – una grande città o un piccolo centro – è invece quello di essere accompagnati a visitarlo da chi lo conosce non come turista ma come abitante.

2 Una particolare guida turistica

Il compito che ti proponiamo è quello di diventare "**guida turistica per un giorno**" e di accompagnare per le strade della tua città, o del tuo paese, un amico che ti viene a trovare da lontano e a cui vuoi mostrare i posti migliori, che non sono necessariamente quelli più conosciuti e frequentati. Dovrai organizzare per il tuo amico, che trascorrerà con te un'intera giornata, un itinerario "su misura", offrendo la possibilità di apprezzare, dalla mattina alla sera, i vari aspetti del luogo in cui vivi: visite a chiese, monumenti o musei, passeggiate in vie, piazze e altri posti anche naturali in cui si possa cogliere un aspetto particolare e caratteristico del luogo.

3 Le fasi del compito

a. Il lavoro può essere svolto in gruppi di 2 o 3 compagni o anche singolarmente.
b. Scegliete **5 o 6 luoghi o attività** che possano essere visitati nell'arco di una giornata, dalla mattina alla sera.
I **luoghi** da visitare devono avere caratteristiche diverse: devono essere sia **luoghi all'aperto** sia **luoghi chiusi**; possono far parte del **patrimonio storico-artistico**, come un castello, una chiesa, un museo, ma anche di un **contesto ambientale**, come un parco, un fiume, una spiaggia. Potete anche prevedere visite a **mercati** o a **botteghe artigiane** di prodotti tipici del luogo; e anche una sosta in un bar o in un locale pubblico in cui si possano assaggiare **cibi** caratteristici del territorio.
Se la città o il territorio ve lo consente, accompagnate il vostro amico anche in un posto in cui si possa avere una visione d'insieme, un panorama.
c. I luoghi o le cose da fare devono essere programmati in una **sequenza temporale** in cui si possano visitare senza troppa fretta; per questo dovete tracciare su una **mappa personalizzata** – ad esempio usando Google Maps – il percorso di visita.
d. Per ogni luogo visitato dovete scattare una **fotografia** e scrivere una breve **didascalia**, al massimo di 200 caratteri.
e. Effettuate la **gita turistica** e poi fate un'**intervista** al vostro amico per scoprire che impressione ha avuto della vostra città, quali sono i posti che più gli sono piaciuti e quali meno.

> *"La sovranità appartiene al popolo, che la esercita nelle forme e nei limiti della Costituzione."*

Lezione 8
L'ordinamento dello Stato

Organi e funzioni dello Stato

Come funziona il nostro Paese? Sappiamo che continuamente vengono approvate leggi, che di frequente si decidono spese e si prendono provvedimenti nelle più varie materie, dalla scuola alla sanità, dal lavoro alla politica estera; e sui giornali, in televisione, in Internet, e anche nei discorsi che capita di sentire in famiglia, non mancano quasi mai notizie e discussioni su processi, assoluzioni, condanne.

Perché la vita pubblica sia regolata correttamente e perché lo Stato assolva i suoi compiti, occorrono **strutture** organizzate in grado di svolgere **funzioni** precise, cioè **organi** che – un po' come le diverse parti del nostro corpo, lo stomaco, il fegato, il cuore – cooperino, ciascuno per la propria parte, alle necessità e alla "salute" complessiva della società.

Di fatto, dal funzionamento dello Stato dipendono le libertà dei cittadini: se la Costituzione non definisse nella sua seconda parte l'ordinamento della Repubblica, i principi, i diritti e i doveri stabiliti nella prima parte rimarrebbero astratti, senza strumenti per essere realizzati davvero.

L'equilibrio tra i poteri

Stabilendo la composizione e la funzione degli organi dello Stato, la Costituzione specifica in dettaglio le «forme» e i «limiti» in cui si esercita la sovranità popolare. Alla base dell'ordinamento democratico del nostro Paese sta il principio della **divisione dei poteri**:
- il potere **legislativo**, rappresentato dal Parlamento;
- il potere **esecutivo**, esercitato dal Governo;
- il potere **giudiziario**, esercitato dalla Magistratura.

A queste istituzioni si aggiungono, in funzione di **equilibrio** e **garanzia**, altri **organi costituzionali**: il **Presidente della Repubblica**, che rappresenta l'unità nazionale, e la **Corte costituzionale**, che giudica se le leggi approvate dal Parlamento rispettano o no le regole della Costituzione.

Organo costituzionale

Una persona o un insieme di persone che svolgono una funzione indispensabile per lo Stato, prevista e disciplinata dalla Costituzione. Sono organi costituzionali il Presidente della Repubblica, il Parlamento, il Consiglio dei ministri, la Corte costituzionale, la Magistratura e gli enti territoriali autonomi, come le Regioni e i Comuni.

L'ordinamento dello Stato 8

La sovranità popolare si esprime attraverso le elezioni del Parlamento, che svolge il compito di fare le leggi, di controllare l'attività del Governo, di eleggere il Presidente della Repubblica. Per questo si dice che l'Italia è una **repubblica parlamentare**.
Principale preoccupazione dell'Assemblea costituente, nel 1948, fu quella di chiudere la strada a ogni rischio, anche lontano, di regime autoritario e antidemocratico, pericolo molto avvertito dopo il ventennio di dittatura fascista e la guerra. Perciò si scelse di evitare il **sistema presidenziale**, nel quale il Capo dello Stato (Presidente della Repubblica) è anche Capo del Governo (Primo ministro). La posizione centrale del Parlamento non significa però che gli altri organi costituzionali gli siano subordinati, che non abbiano iniziativa e autonomia. Di fatto, il sistema di ripartizione e di **equilibrio dei poteri** – di **pesi e contrappesi**, come spesso si dice – definito dalla Costituzione si sforza di conciliare il principio della rappresentanza popolare con le necessità di un governo efficiente della società.
Altro cardine dell'ordinamento dello Stato è l'**indipendenza della Magistratura**, a garanzia del fatto che i magistrati giudichino imparzialmente tutti secondo le leggi.

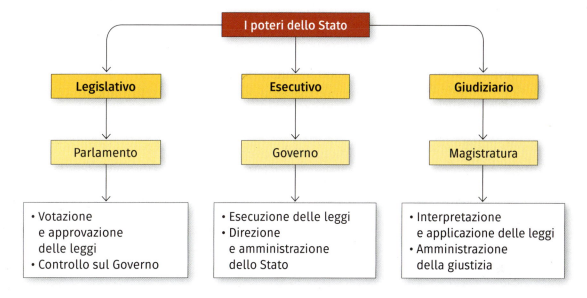

TEMI PER RIFLETTERE

L'ONU E L'UNIONE EUROPEA

Immediatamente dopo la fine della Seconda guerra mondiale, nel 1945, venne fondata l'**Organizzazione delle Nazioni Unite**, allo scopo di garantire la **sicurezza nel mondo** e impedire che ci fossero altre guerre. Sappiamo bene, oggi, quanto questo obiettivo non sia stato raggiunto, ma le speranze erano allora sincere e forti, e spiegano perché, nell'**articolo 11** dei Principi fondamentali in cui l'Italia si dichiara contraria alla guerra, si legga anche: «consente, in condizione di parità con gli altri Stati, alle limitazioni di sovranità necessarie ad un ordinamento che assicuri la pace e la giustizia fra le Nazioni».
Il pensiero andava allora alle **Nazioni Unite**, cui l'Italia aderì nel **1955**. Di fatto, il principio della delega di parte dei poteri dello Stato a un'**organizzazione sovranazionale** è lo stesso che ha permesso la costruzione nel tempo dell'**Unione Europea**, attraverso una serie di trattati liberamente e democraticamente approvati da tutti i Paesi membri. L'Italia è uno dei Paesi fondatori dell'UE, perché aderì ai primi trattati di cooperazione economica europea negli anni Cinquanta del Novecento.

Il Parlamento e il potere di approvare le leggi

Il Parlamento è l'assemblea dei rappresentanti del popolo eletta a suffragio universale, il cui compito principale è discutere e approvare le leggi. Secondo la Costituzione (**articolo 55**), il Parlamento è composto da due Camere autonome, con gli stessi poteri e la stessa base di rappresentanza (**bicameralismo**):
- la **Camera dei deputati** (630 membri, di età non inferiore a 25 anni, eletti da tutti i cittadini maggiorenni);
- il **Senato della Repubblica** (315 membri, di età non inferiore a 40 anni, eletti da tutti i cittadini con più di 25 anni d'età).

Di regola entrambe le Camere restano in carica **cinque anni** (una "legislatura"), dopo di che vengono rinnovate con nuove elezioni. Funzionano in base a propri regolamenti, sono organizzate in **commissioni** che esaminano questioni specifiche per poi presentarle all'assemblea, si riuniscono in seduta comune in occasione dell'elezione e del giuramento di fedeltà del Presidente della Repubblica. Tutti i membri del Parlamento godono di speciali **immunità**, a garanzia della loro indipendenza e della loro libertà.

Il potere di **approvare le leggi** spetta esclusivamente al Parlamento ma secondo l'articolo 71 della Costituzione possono **proporle**:
- il Governo (nei disegni di legge);
- ciascun membro delle Camere;
- il popolo, se almeno 50.000 elettori firmano una proposta di legge (detta "d'iniziativa popolare");
- il Consiglio nazionale dell'economia e del lavoro (Cnel), organo di consulenza delle Camere e del Governo;
- i Consigli regionali.

In due soli casi è il Governo che può fare le leggi. Il primo e più importante caso è quello dei **decreti legge**, provvedimenti che il governo è autorizzato a prendere «in casi straordinari di necessità e d'urgenza» (articolo 77), ma che perdono efficacia se il Parlamento non li approva entro 60 giorni. Il secondo caso è quello dei **decreti delegati** o **decreti legislativi**, che si hanno quando il Parlamento fissa i principi generali, il "quadro" di una legge, e incarica il Governo di definirla nel dettaglio.

Bicameralismo

Sistema in cui il Parlamento è formato da due assemblee che approvano le leggi. Le due Camere possono avere gli stessi poteri o poteri distinti, e rappresentare gli stessi interessi o interessi diversi (se per esempio una Camera rappresenta la Nazione e l'altra le Regioni da cui è composta).

Immunità

Sono le garanzie che la Costituzione riconosce a deputati e senatori per proteggerli da persecuzioni o condizionamenti esterni. L'articolo 68 stabilisce che non possano essere «chiamati a rispondere delle opinioni espresse e dei voti dati nell'esercizio delle loro funzioni», né arrestati o privati della libertà personale senza l'autorizzazione della Camera cui appartengono. Le immunità parlamentari previste erano originariamente più ampie, ma una riforma del 1993 le ha ristrette a seguito delle molte indagini per reati di corruzione a carico di parlamentari.

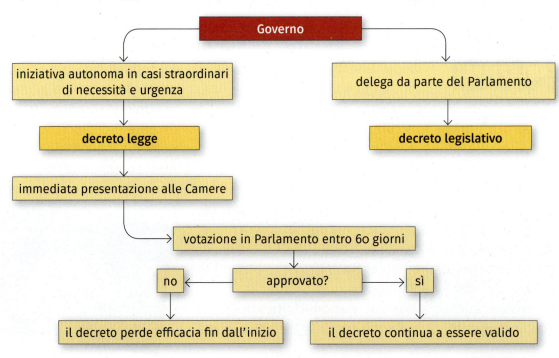

L'ordinamento dello Stato

TEMI PER RIFLETTERE

LE LEGGI ELETTORALI: SCELTI O NOMINATI?

La Costituzione stabilisce la composizione del Parlamento ma non individua un sistema elettorale preciso, lasciando che sia una legge ordinaria a farlo. Di fatto, le **leggi elettorali sono complesse e dibattute**, per la diversità degli effetti che possono produrre. Si confrontano due sistemi o principi:

- quello **proporzionale**, che mira a riprodurre in un'assemblea rappresentativa le diversità dell'elettorato così come sono;
- quello **maggioritario**, che limita o addirittura esclude la rappresentanza delle minoranze (quando il vincitore "prende tutto").

Il **primo sistema**, quello proporzionale, ha il vantaggio di esprimere al meglio lo spirito della **sovranità popolare**, mentre il sistema maggioritario permette la formazione di maggioranze più ampie e facilita la formazione dei governi. Non a caso, al tempo dell'Assemblea costituente era largamente preferito il sistema proporzionale classico, che dava voce a tutte le forze politiche in campo. In seguito, invece, l'instabilità dei governi ha spinto ad accogliere elementi del sistema maggioritario, come l'assegnazione a maggioranza di una certa percentuale di seggi (fino al 2005) o l'attribuzione di un **premio di maggioranza** alla lista o al partito vincitore, in modo da amplificare il suo successo. Sempre è stata prevista una **soglia di sbarramento**, ossia una percentuale prefissata al di sotto della quale una lista non può ottenere rappresentanti.

Tema diverso è quello della possibilità per gli elettori di **scegliere i candidati**, a confronto col potere dei partiti (o meglio dei loro capi) di **nominarli**.

Fino al 1993 gli elettori della Camera dei deputati potevano esprimere **quattro preferenze** tra i nomi inclusi nella lista del partito che votavano; in seguito, il meccanismo del **collegio uninominale** (in cui c'è un solo candidato) e quelli delle **liste bloccate** (in cui i candidati sono eletti in ordine di comparizione nella lista) e dei **capilista** (in cui il primo della lista è eletto automaticamente, mentre per gli altri valgono le preferenze) hanno trasferito in tutto oppure in parte ai partiti la scelta di candidati ed eletti. Al di fuori delle elezioni politiche generali, un tentativo di restituire ai cittadini la possibilità di scegliere i candidati è quello delle **elezioni primarie**: gli iscritti o i simpatizzanti di un partito o di una coalizione votano il candidato che vogliono far concorrere alla successiva elezione a una carica pubblica. Negli Stati Uniti, si scelgono in questo modo i candidati democratico e repubblicano che si sfidano poi per la Presidenza.

Amnistia
È l'atto con cui lo Stato, attraverso una legge, cancella un reato e la conseguente pena.

Indulto
È l'atto con cui lo Stato cancella solamente la pena.

Grazia
A differenza dei precedenti atti, la grazia riguarda un singolo condannato, cui il Presidente della Repubblica può decidere di condonare o ridurre la pena.

Il Presidente della Repubblica

Il Presidente della Repubblica è eletto dal Parlamento e resta in carica sette anni. «È il Capo dello Stato e rappresenta l'unità nazionale», come si legge nell'**articolo 87** della Costituzione. Oltre a questo ruolo di **rappresentanza** e a essere il **garante** della Costituzione stessa, il Presidente può:

- **promulgare**, cioè dichiarare formalmente valide, **le leggi del Parlamento** (al quale può anche rimandarle, con osservazioni, perché siano riesaminate);
- **sciogliere le Camere** e convocarle in seduta straordinaria;
- **nominare cinque senatori**;
- **nominare il Presidente del Consiglio e i ministri**;
- rappresentare lo Stato all'estero e **ratificare i trattati internazionali**;
- **concedere** l'**amnistia**, l'**indulto**, la **grazia**.

Nessuno di questi e di altri poteri del Capo dello Stato è formale, cioè di pura rappresentanza, ma nessuno è assoluto perché nell'esercizio delle sue funzioni il Presidente della Repubblica entra in relazione di **equilibrio** con gli altri poteri della Repubblica: dal Parlamento (al quale risponde della sua fedeltà alla Repubblica) ai ministri e al Presidente del Consiglio dei ministri (che controfirmano i suoi atti, assumendosene la responsabilità). Inoltre, anche se gli è richiesto di essere al di sopra delle parti, non è certo estraneo alla vita politica e al confronto tra i partiti.

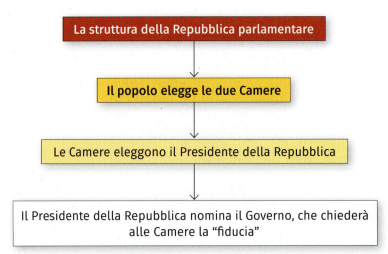

Il Governo e il potere di dirigere lo Stato

Il **Governo** è composto dal **Presidente del Consiglio**, o **Capo del Governo**, e dai ministri, che insieme formano il **Consiglio dei ministri**. Suo compito è quello di **attuare le leggi dello Stato** e di provvedere all'amministrazione generale del Paese, secondo il proprio orientamento e programma politico.

Il Presidente del Consiglio dirige e coordina l'azione del Consiglio dei ministri e ne è dunque responsabile. Ciascun **ministro** dirige un **ministero**, ossia un settore della **pubblica amministrazione** che si occupa di un ambito specifico della vita pubblica, il Lavoro o la Giustizia, le Finanze o gli Affari esteri e così via.

Il Presidente del Consiglio è nominato dal Presidente della Repubblica, che su sua proposta nomina anche i ministri. Non sono però nomine arbitrarie. Di regola il Capo dello Stato, dopo aver consultato i partiti e una serie di importanti personalità delle istituzioni, assegna l'incarico al leader o comunque a un esponente delle forze politiche che hanno la maggioranza in Parlamento.

L'ordinamento dello Stato

Il Presidente incaricato e i suoi ministri devono subito presentarsi in Parlamento per ottenerne l'approvazione, o **fiducia**; nel caso questa venga ritirata, il Governo cade e si apre una **crisi** che si conclude con la formazione di un **nuovo Governo** o con **elezioni anticipate** (che possono confermare o cambiare la maggioranza in Parlamento).

Tra le leggi più importanti che il Governo sottopone all'approvazione del Parlamento ci sono la **legge di bilancio**, riguardante le entrate e le uscite annuali dello Stato, e la **legge finanziaria** (chiamata anche **legge di stabilità** o **manovra economica**), che definisce le spese e la politica economica del futuro.

La Magistratura e il potere di amministrare la giustizia

Alla Magistratura spetta il compito di **amministrare la giustizia «in nome del popolo»**, come dice la Costituzione all'**articolo 101**. I giudici, o magistrati (dal latino *magister*, "maestro"), «sono soggetti soltanto alla legge», il che significa che devono essere indipendenti sia dagli altri poteri dello Stato (**articolo 104**) sia dalle proprie opinioni personali: solo l'**imparzialità dei giudici** può garantire l'uguaglianza di tutti i cittadini di fronte alla legge, fondamentale requisito di democrazia. Per questo i magistrati non sono eletti ma nominati attraverso un **concorso pubblico**, cioè un esame che accerta la loro conoscenza del diritto; e per questo la Magistratura non dipende in nessun modo dal Governo ma ha un suo proprio organo di autogoverno, il **Consiglio Superiore della Magistratura**, presieduto dal Presidente della Repubblica e formato da membri eletti per due terzi dai giudici stessi e per un terzo dal Parlamento in seduta comune.

A guardia della Costituzione

Sul rispetto della Costituzione in ogni sua parte vigila la **Corte costituzionale**, un tribunale specifico previsto e disciplinato dalla Costituzione (**articolo 134**). La Corte:
- controlla che le leggi approvate dal Parlamento non siano in contrasto con la carta costituzionale; le leggi dichiarate **incostituzionali**, cioè in contrasto con la Costituzione, cessano immediatamente di avere valore;
- decide sui **conflitti di competenze** tra i poteri dello Stato, tra lo Stato e le Regioni e tra le Regioni;
- giudica su eventuali accuse di **alto tradimento** o attentato alla Costituzione mosse al Presidente della Repubblica.

La Corte costituzionale è composta da **15 giudici** nominati per un terzo dal Presidente della Repubblica, per un terzo dal Parlamento, per un terzo dai più importanti organi giudiziari.

TEMI PER RIFLETTERE

COSTITUZIONE IN CORSO

Nel **2016** il Parlamento ha proposto una **riforma** che però non è stata approvata dai cittadini: al **referendum costituzionale** confermativo del 4 dicembre, infatti, il 59,1% dei votanti ha scelto il "no". La riforma, che avrebbe cambiato ben 47 articoli della Costituzione italiana, riguardava soprattutto:
- le regole per l'elezione del **Presidente della Repubblica**;
- la divisione delle **competenze legislative tra lo Stato e le Regioni**;
- il numero e la funzione dei **senatori**, che sarebbero scesi a 100, avrebbero rappresentato le istituzioni territoriali (Regioni e Comuni) e avrebbero potuto concorrere alla formazione solo di alcune leggi.

Non era la prima volta che il popolo italiano veniva chiamato a esprimere un parere sulla Costituzione: era già accaduto nel **2001**, quando vinsero i "sì" con il 64,2% dei voti, e nel **2006**, quando invece la vittoria andò ai "no" con il 61,3%.

ALLA PROVA DEI FATTI — Istituzioni e vita politica: che cosa riformare?

Nonostante l'accuratezza con cui la Costituzione ha "disegnato" le istituzioni politiche della Repubblica, come l'architettura di una casa ben costruita, **il funzionamento della politica italiana è esposto da tempo a critiche**. Le principali riguardano la **breve durata dei governi**, segno, in linea di principio, di una loro debolezza: dal 1946 a oggi si sono succeduti **oltre sessanta governi** diversi (presieduti da quasi trenta diversi Presidenti del Consiglio), per una durata media di poco più di un anno. Nessun Governo è rimasto in carica per tutti i cinque anni di una legislatura e il Governo più breve è durato appena 23 giorni.

Sono stati criticati anche la **lentezza dei lavori del Parlamento** e l'uso eccessivo da parte del Governo sia dei **decreti legge**, che dovrebbero limitarsi a casi eccezionali, sia della "**questione di fiducia**", che il Governo pone quando lega le proprie dimissioni all'approvazione o meno di un certo disegno di legge (per accelerarne l'approvazione senza modifiche).

Non sono mancati critiche alla **durata dei processi** (soprattutto quelli civili, che riguardano le liti tra privati) e **dubbi sull'imparzialità di alcuni giudici**.

In certi momenti, è sembrato che lo stesso equilibrio tra i poteri dello Stato fosse minacciato: per esempio quando la Magistratura ha esteso le sue indagini contro la corruzione ad alti esponenti delle istituzioni ("**Mani pulite**"), o quando alcune leggi sono state sospettate di favorire singoli uomini politici, o quando i Presidenti della Repubblica hanno svolto un ruolo più incisivo rispetto alla prassi (cioè alle abitudini non fissate dalla legge).

In tutti questi casi, è discutibile se il problema stia nelle istituzioni o più in generale nella politica – nella qualità della partecipazione democratica, nella responsabilità degli uomini di governo –, di cui le istituzioni sono strumento.

Dal centro alle periferie

L'**articolo 5** della Costituzione riconosce le **autonomie locali**, cioè gli enti periferici territoriali, e promuove il **decentramento amministrativo**, cioè il trasferimento di molti compiti di regolazione della vita pubblica dalle istituzioni centrali a quelle regionali e comunali. Alla base di questa scelta stanno ragioni storiche e considerazioni politiche. Tra le prime, c'è l'importanza che nella storia d'Italia hanno sempre avuto, ben prima dell'Unità raggiunta nel 1861, le **città** e gli Stati cresciuti intorno alle città fino a dimensioni simili o superiori a quelle delle attuali Regioni: basti pensare, nel Medioevo, alla repubblica di Venezia, ai ducati di Milano e Firenze, al regno di Napoli. A pesare di più fu però il giudizio negativo sull'**accentramento statale** che era stato caratteristico del Regno d'Italia e poi del regime fascista.

L'Assemblea costituente aprì così la strada al **principio di sussidiarietà**, in base al quale, se un compito può essere svolto da un'entità territoriale più vicina ai cittadini (i Comuni, le Regioni), l'entità superiore e più lontana (lo Stato) deve intervenire solo a suo sostegno (sussidio): principio accolto nella Costituzione da una riforma del 2001 e assunto tra i propri fondamenti anche dall'Unione Europea.

L'ordinamento dello Stato 8

> **Città metropolitana**
> È l'ente territoriale, previsto dalla riforma costituzionale del 2001, che unisce alcune grandi città ai Comuni del loro territorio, di fatto sostituendo le Province. Sono Città metropolitane, tra le altre, Roma, Milano, Napoli, Torino, Palermo, Genova.

Tra le venti **Regioni** italiane, cinque – Sicilia, Sardegna, Valle d'Aosta/Vallée d'Aoste, Trentino-Alto Adige/Südtirol, Friuli-Venezia Giulia – godono per ragioni storiche e culturali di maggiore autonomia e sono dette **a statuto speciale**. Tutte possono emanare **leggi regionali**, nelle materie non riservate allo Stato, e dotarsi, sullo schema dell'ordinamento dello Stato stesso, di propri organi rappresentativi (i Consigli regionali) e di governo (il presidente della Regione, la giunta regionale). Altrettanto fanno i **Comuni** e le **Città metropolitane**, che approvano regolamenti comunali (sottoposti alle leggi nazionali e regionali) ed eleggono i consigli comunali, il sindaco e la giunta comunale. Minore importanza hanno assunto nel tempo le **Province**.

LE FORME E GLI ORDINAMENTI DEGLI STATI EUROPEI

E NEGLI ALTRI PAESI?

L'ordinamento degli Stati europei è, almeno in linea di principio, democratico, con libere elezioni cui concorrono più partiti politici e una Costituzione che stabilisce le leggi fondamentali. Le **forme**, cioè il modo in cui lo Stato è strutturato, e gli **ordinamenti**, cioè le diverse forme di governo, sono però differenti tra loro. Accanto a **Stati unitari**, come l'Italia, in cui le principali decisioni politiche sono prese dal Governo e dal Parlamento nazionali, ci sono **Stati federali** – come la Svizzera, la Germania, l'Austria, il Belgio, la Bosnia-Erzegovina – in cui il Governo centrale è responsabile della politica estera, della difesa e della politica economica generale, ma le altre decisioni sono prese da Stati o Regioni dotati di poteri autonomi. Alle **monarchie**, in cui il Capo del Governo è il re – come in Danimarca, Svezia, Norvegia, Regno Unito, Paesi Bassi, Belgio, Lussemburgo, Spagna –, si contrappongono le **repubbliche**, come l'Italia, in cui il presidente è eletto. Le repubbliche stesse possono essere **parlamentari**, quando il potere esecutivo è detenuto da un Governo che ha la fiducia del Parlamento, come in Italia, Germania, Polonia; o **presidenziali**, quando il presidente eletto direttamente dai cittadini è anche capo del Governo, come in Russia, Francia, Romania.

I membri della famiglia reale britannica, i Windsor.

Laboratorio

Conoscenze

1 Quali cariche o organi istituzionali svolgono una funzione di equilibrio e garanzia?
- [a] La Magistratura
- [b] La Corte costituzionale
- [c] Il Presidente della Repubblica
- [d] Il Consiglio dei ministri

2 Quale delle due Camere è composta da 315 membri che, per essere eletti, devono avere più di quarant'anni?
- [a] Il Senato
- [b] La Camera dei deputati

3 Per un massimo di quanti anni resta in carica il Parlamento?
- [a] 4
- [b] 5
- [c] 7

4 Completa nel modo corretto la definizione di decreto legislativo.
Provvedimento legislativo che si ha quando il .... fissa i .... di una legge, e incarica il .... di definirla nel dettaglio.

5 Che cosa può fare il Presidente della Repubblica?
- [a] Proporre una legge.
- [b] Dichiarare valide le leggi del Parlamento.
- [c] Sciogliere le Camere e convocarle in seduta straordinaria.
- [d] Scegliere i ministri del Governo.
- [e] Rappresentare lo Stato all'estero.
- [f] Indire un referendum.
- [g] Concedere l'amnistia.

6 Che funzioni ha la Corte costituzionale?
- [a] Decide sull'operato della Magistratura.
- [b] Verifica che le leggi approvate dal Parlamento non siano in contrasto con la Costituzione.
- [c] Elegge il Presidente della Repubblica.

7 Quali tra queste Regioni italiane non godono di uno statuto speciale di autogoverno?
- [a] Sicilia
- [b] Lombardia
- [c] Trentino-Alto Adige
- [d] Sardegna
- [e] Campania
- [f] Molise

Competenze

8 Spiega in un testo di massimo 500 caratteri in che cosa consiste la divisione dei poteri su cui si basa l'ordinamento democratico del nostro Paese.

9 Esponi oralmente le caratteristiche dei sistemi elettorali maggioritario e proporzionale.

10 Abbina correttamente le sedi degli organi istituzionali di governo ai palazzi storici di Roma.

- **a.** Palazzo del Quirinale
- **b.** Palazzo Chigi
- **c.** Palazzo di Montecitorio
- **d.** Palazzo Madama

1. Sede del Senato
2. Sede della Presidenza del Consiglio dei ministri
3. Residenza del Presidente della Repubblica
4. Sede della Camera dei deputati

L'ordinamento dello Stato 8

Compito di realtà

Mi candido!
Simulare la fondazione di un partito e la sua campagna elettorale

1 Le elezioni sono il motore della democrazia

Già all'interno della scuola, e anche della classe (ma partire dalle Superiori), si comincia a fare "**esperienza politica**" quando si è coinvolti nell'elezione dei **rappresentanti di classe e d'istituto**. Dei temi della **vita politica** vieni comunque a conoscenza tutti i giorni, attraverso quello che ascolti alla televisione o leggi sui giornali, o che più semplicemente ascolti nei discorsi degli altri.

Le **elezioni** costituiscono un momento centrale nella vita democratica di un Paese. In una democrazia rappresentativa come la nostra, i cittadini che ne hanno diritto ricorrono allo strumento del **voto** per indicare i rappresentanti attraverso i quali saranno governati. I partiti politici sono associazioni che si fanno interpreti dei desideri dei cittadini e che fanno da tramite tra gli elettori e gli eletti.

2 La campagna elettorale

Immagina che la tua scuola sia uno Stato e che abbia bisogno di una **guida** per prendere le decisioni che riguardano la sua vita collettiva: stabilire le materie di insegnamento, definire gli orari e i luoghi dove fare lezione, selezionare i professori... Attraverso regolari elezioni tutti gli allievi dell'istituto, non solo quelli della classe, potranno scegliere il **candidato** che meglio rappresenta i loro desideri e le loro ambizioni. L'obiettivo della **simulazione** è quello di **saper interpretare le aspettative degli altri**, tradurle in un **programma di attività** e saperlo **comunicare in modo efficace e convincente**; di partecipare insomma a una contesa politica rispettandone le regole.

3 Le fasi del compito

a. Dividetevi in **3 o 4 gruppi** che danno vita ai partiti, più un "**gruppo di controllo**", che non aderisce a nessun partito ma si occupa di sovrintendere al corretto svolgimento della campagna elettorale e delle elezioni.

b. Ogni gruppo-partito si attribuisce un **nome**, disegna il proprio **logo** e scrive un sintetico "**programma di governo**" della classe organizzato in 10 punti. All'interno del gruppo-partito viene scelto un **leader**, che sarà il candidato che parteciperà alle elezioni.

c. Il gruppo di controllo apre una **pagina Facebook** per ciascun gruppo-partito, nominando un **responsabile della comunicazione** per ognuno di essi, che è il solo abilitato a pubblicare post sulla pagina.

d. Nelle pagine Facebook dei gruppi-partito si pubblica il **programma** e il **leader** si presenta in un breve **video**. Il gruppo di controllo verifica che sulle pagine Facebook dei gruppi-partiti i contenuti dei post siano rispettosi delle regole della buona comunicazione e della buona educazione (no insulti, no attacchi ad altri gruppi-partiti).
Ogni gruppo ha **due settimane** di tempo per diffondere le proprie proposte e convincere gli elettori a farsi votare.

e. Al termine della campagna elettorale, il gruppo di controllo crea una **pagina-seggio** dove pubblica i **profili dei candidati** di ciascun gruppo-partito e sulla quale, nell'arco di 24 ore, è possibile indicare la propria preferenza mettendo un *like* a uno, e a un solo, profilo del candidato/gruppo-partito.

f. Il gruppo di controllo **verifica** che chi ha espresso la propria preferenza abbia diritto al voto (cioè sia realmente iscritto all'istituto), procede allo "**spoglio**" dei voti e **proclama** l'elezione del candidato.

g. In un video pubblicato sulla pagina del suo gruppo-partito il candidato eletto si presenterà agli elettori e farà le sue dichiarazioni ufficiali.

Costituzione della Repubblica italiana

(aggiornata al 5 dicembre 2016; dal sito www.parlamento.it)

PRINCIPI FONDAMENTALI

Art. 1
L'Italia è una Repubblica democratica, fondata sul lavoro.
La sovranità appartiene al popolo, che la esercita nelle forme e nei limiti della Costituzione.

Art. 2
La Repubblica riconosce e garantisce i diritti inviolabili dell'uomo, sia come singolo, sia nelle formazioni sociali ove si svolge la sua personalità, e richiede l'adempimento dei doveri inderogabili di solidarietà politica, economica e sociale.

Art. 3
Tutti i cittadini hanno pari dignità sociale e sono eguali davanti alla legge, senza distinzione di sesso, di razza, di lingua, di religione, di opinioni politiche, di condizioni personali e sociali.
È compito della Repubblica rimuovere gli ostacoli di ordine economico e sociale, che, limitando di fatto la libertà e l'uguaglianza dei cittadini, impediscono il pieno sviluppo della persona umana e l'effettiva partecipazione di tutti i lavoratori all'organizzazione politica, economica e sociale del Paese.

Art. 4
La Repubblica riconosce a tutti i cittadini il diritto al lavoro e promuove le condizioni che rendano effettivo questo diritto.
Ogni cittadino ha il dovere di svolgere, secondo le proprie possibilità e la propria scelta, una attività o una funzione che concorra al progresso materiale o spirituale della società.

Art. 5
La Repubblica, una e indivisibile, riconosce e promuove le autonomie locali; attua nei servizi che dipendono dallo Stato il più ampio decentramento amministrativo; adegua i principi ed i metodi della sua legislazione alle esigenze dell'autonomia e del decentramento.

Art. 6
La Repubblica tutela con apposite norme le minoranze linguistiche.

Art. 7
Lo Stato e la Chiesa cattolica sono, ciascuno nel proprio ordine, indipendenti e sovrani.
I loro rapporti sono regolati dai Patti Lateranensi. Le modificazioni dei Patti, accettate dalle due parti, non richiedono procedimento di revisione costituzionale.

Art. 8
Tutte le confessioni religiose sono egualmente libere davanti alla legge.
Le confessioni religiose diverse dalla cattolica hanno diritto di organizzarsi secondo i propri statuti, in quanto non contrastino con l'ordinamento giuridico italiano.
I loro rapporti con lo Stato sono regolati per legge sulla base di intese con le relative rappresentanze.

Art. 9
La Repubblica promuove lo sviluppo della cultura e la ricerca scientifica e tecnica.
Tutela il paesaggio e il patrimonio storico e artistico della Nazione.

Art. 10
L'ordinamento giuridico italiano si conforma alle norme del diritto internazionale generalmente riconosciute.
La condizione giuridica dello straniero è regolata dalla legge in conformità delle norme e dei trattati internazionali.
Lo straniero, al quale sia impedito nel suo paese l'effettivo esercizio delle libertà democratiche garantite dalla Costituzione italiana, ha diritto d'asilo nel territorio della Repubblica, secondo le condizioni stabilite dalla legge.
Non è ammessa l'estradizione dello straniero per reati politici.

Art. 11
L'Italia ripudia la guerra come strumento di offesa alla libertà degli altri popoli e come mezzo di risoluzione delle controversie internazionali; consente, in condizioni di parità con gli altri Stati, alle limitazioni di sovranità necessarie ad un ordinamento che assicuri la pace e la giustizia fra le Nazioni; promuove e favorisce le organizzazioni internazionali rivolte a tale scopo.

Art. 12
La bandiera della Repubblica è il tricolore italiano: verde, bianco e rosso, a tre bande verticali di eguali dimensioni.

PARTE PRIMA.
DIRITTI E DOVERI DEI CITTADINI

Titolo I. Rapporti civili

Art. 13
La libertà personale è inviolabile.
Non è ammessa forma alcuna di detenzione, di ispezione o perquisizione personale, né qualsiasi altra restrizione della libertà personale, se non per atto motivato dall'autorità giudiziaria e nei soli casi e modi previsti dalla legge.
In casi eccezionali di necessità ed urgenza, indicati tassativamente dalla legge, l'autorità di pubblica sicurezza può adottare provvedimenti provvisori, che devono essere comunicati entro quaran-

totto ore all'autorità giudiziaria e, se questa non li convalida nelle successive quarantotto ore, si intendono revocati e restano privi di ogni effetto.

È punita ogni violenza fisica e morale sulle persone comunque sottoposte a restrizioni di libertà.

La legge stabilisce i limiti massimi della carcerazione preventiva.

Art. 14
Il domicilio è inviolabile.

Non vi si possono eseguire ispezioni o perquisizioni o sequestri se non nei casi e modi stabiliti dalla legge secondo le garanzie prescritte per la tutela della libertà personale.

Gli accertamenti e le ispezioni per motivi di sanità e di incolumità pubblica o a fini economici e fiscali sono regolati da leggi speciali.

Art. 15
La libertà e la segretezza della corrispondenza e di ogni altra forma di comunicazione sono inviolabili.

La loro limitazione può avvenire soltanto per atto motivato dell'autorità giudiziaria con le garanzie stabilite dalla legge.

Art. 16
Ogni cittadino può circolare e soggiornare liberamente in qualsiasi parte del territorio nazionale, salvo le limitazioni che la legge stabilisce in via generale per motivi di sanità o di sicurezza. Nessuna restrizione può essere determinata da ragioni politiche.

Ogni cittadino è libero di uscire dal territorio della Repubblica e di rientrarvi, salvo gli obblighi di legge.

Art. 17
I cittadini hanno diritto di riunirsi pacificamente e senz'armi.

Per le riunioni, anche in luogo aperto al pubblico, non è richiesto preavviso.

Delle riunioni in luogo pubblico deve essere dato preavviso alle autorità, che possono vietarle soltanto per comprovati motivi di sicurezza o di incolumità pubblica.

Art. 18
I cittadini hanno diritto di associarsi liberamente, senza autorizzazione, per fini che non sono vietati ai singoli dalla legge penale.

Sono proibite le associazioni segrete e quelle che perseguono, anche indirettamente, scopi politici mediante organizzazioni di carattere militare.

Art. 19
Tutti hanno diritto di professare liberamente la propria fede religiosa in qualsiasi forma, individuale o associata, di farne propaganda e di esercitarne in privato o in pubblico il culto, purché non si tratti di riti contrari al buon costume.

Art. 20
Il carattere ecclesiastico e il fine di religione o di culto d'una associazione od istituzione non possono essere causa di speciali limitazioni legislative, né di speciali gravami fiscali per la sua costituzione, capacità giuridica e ogni forma di attività.

Art. 21
Tutti hanno diritto di manifestare liberamente il proprio pensiero con la parola, lo scritto e ogni altro mezzo di diffusione.

La stampa non può essere soggetta ad autorizzazioni o censure.

Si può procedere a sequestro soltanto per atto motivato dell'autorità giudiziaria nel caso di delitti, per i quali la legge sulla stampa espressamente lo autorizzi, o nel caso di violazione delle norme che la legge stessa prescriva per l'indicazione dei responsabili.

In tali casi, quando vi sia assoluta urgenza e non sia possibile il tempestivo intervento dell'autorità giudiziaria, il sequestro della stampa periodica può essere eseguito da ufficiali di polizia giudiziaria, che devono immediatamente, e non mai oltre ventiquattro ore, fare denunzia all'autorità giudiziaria. Se questa non lo convalida nelle ventiquattro ore successive, il sequestro si intende revocato e privo d'ogni effetto.

La legge può stabilire, con norme di carattere generale, che siano resi noti i mezzi di finanziamento della stampa periodica.

Sono vietate le pubblicazioni a stampa, gli spettacoli e tutte le altre manifestazioni contrarie al buon costume. La legge stabilisce provvedimenti adeguati a prevenire e a reprimere le violazioni.

Art. 22
Nessuno può essere privato, per motivi politici, della capacità giuridica, della cittadinanza, del nome.

Art. 23
Nessuna prestazione personale o patrimoniale può essere imposta se non in base alla legge.

Art. 24
Tutti possono agire in giudizio per la tutela dei propri diritti e interessi legittimi.

La difesa è diritto inviolabile in ogni stato e grado del procedimento.

Sono assicurati ai non abbienti, con appositi istituti, i mezzi per agire e difendersi davanti ad ogni giurisdizione.

La legge determina le condizioni e i modi per la riparazione degli errori giudiziari.

Art. 25
Nessuno può essere distolto dal giudice naturale precostituito per legge.

Nessuno può essere punito se non in forza di una legge che sia entrata in vigore prima del fatto commesso.

Nessuno può essere sottoposto a misure di sicurezza se non nei casi previsti dalla legge.

Art. 26
L'estradizione del cittadino può essere consentita soltanto ove sia espressamente prevista dalle convenzioni internazionali.

Non può in alcun caso essere ammessa per reati politici.

Art. 27
La responsabilità penale è personale.

L'imputato non è considerato colpevole sino alla condanna definitiva.

Le pene non possono consistere in trattamenti contrari al senso di umanità e devono tendere alla rieducazione del condannato.

Non è ammessa la pena di morte.

Art. 28
I funzionari e i dipendenti dello Stato e degli enti pubblici sono direttamente responsabili, secondo le leggi penali, civili e amministrative, degli atti compiuti in violazione di diritti. In tali casi la responsabilità civile si estende allo Stato e agli enti pubblici.

Titolo II. Rapporti etico-sociali

Art. 29
La Repubblica riconosce i diritti della famiglia come società naturale fondata sul matrimonio.
Il matrimonio è ordinato sull'eguaglianza morale e giuridica dei coniugi, con i limiti stabiliti dalla legge a garanzia dell'unità familiare.

Art. 30
È dovere e diritto dei genitori, mantenere, istruire ed educare i figli, anche se nati fuori del matrimonio.
Nei casi di incapacità dei genitori, la legge provvede a che siano assolti i loro compiti.
La legge assicura ai figli nati fuori dal matrimonio ogni tutela giuridica e sociale, compatibile con i diritti dei membri della famiglia legittima.
La legge detta le norme e i limiti per la ricerca della paternità.

Art. 31
La Repubblica agevola con misure economiche e altre provvidenze la formazione della famiglia e l'adempimento dei compiti relativi, con particolare riguardo alle famiglie numerose.
Protegge la maternità e l'infanzia e la gioventù, favorendo gli istituti necessari a tale scopo.

Art. 32
La Repubblica tutela la salute come fondamentale diritto dell'individuo e interesse della collettività, e garantisce cure gratuite agli indigenti.
Nessuno può essere obbligato a un determinato trattamento sanitario se non per disposizione di legge. La legge non può in nessun caso violare i limiti imposti dal rispetto della persona umana.

Art. 33
L'arte e la scienza sono libere e libero ne è l'insegnamento.
La Repubblica detta le norme generali sull'istruzione ed istituisce scuole statali per tutti gli ordini e gradi.
Enti e privati hanno il diritto di istituire scuole ed istituti di educazione, senza oneri per lo Stato.
La legge, nel fissare i diritti e gli obblighi delle scuole non statali che chiedono la parità, deve assicurare ad esse piena libertà e ai loro alunni un trattamento scolastico equipollente a quello degli alunni di scuole statali.
È prescritto un esame di Stato per la ammissione ai vari ordini e gradi di scuole o per la conclusione di essi e per l'abilitazione all'esercizio professionale.
Le istituzioni di alta cultura, università ed accademie, hanno il diritto di darsi ordinamenti autonomi nei limiti stabiliti dalle leggi dello Stato.

Art. 34
La scuola è aperta a tutti.
L'istruzione inferiore, impartita per almeno otto anni, è obbligatoria e gratuita.
I capaci e meritevoli, anche se privi di mezzi, hanno diritto di raggiungere i gradi più alti degli studi.
La Repubblica rende effettivo questo diritto con borse di studio, assegni alle famiglie ed altre provvidenze, che devono essere attribuite per concorso.

Titolo III. Rapporti economici

Art. 35
La Repubblica tutela il lavoro in tutte le sue forme ed applicazioni.
Cura la formazione e l'elevazione professionale dei lavoratori.
Promuove e favorisce gli accordi e le organizzazioni internazionali intesi ad affermare e regolare i diritti del lavoro.
Riconosce la libertà di emigrazione, salvo gli obblighi stabiliti dalla legge nell'interesse generale, e tutela il lavoro italiano all'estero.

Art. 36
Il lavoratore ha diritto ad una retribuzione proporzionata alla quantità e qualità del suo lavoro e in ogni caso sufficiente ad assicurare a sé e alla famiglia un'esistenza libera e dignitosa.
La durata massima della giornata lavorativa è stabilita dalla legge.
Il lavoratore ha diritto al riposo settimanale e a ferie annuali retribuite, e non può rinunziarvi.

Art. 37
La donna lavoratrice ha gli stessi diritti e, a parità di lavoro, le stesse retribuzioni che spettano al lavoratore. Le condizioni di lavoro devono consentire l'adempimento della sua essenziale funzione familiare e assicurare alla madre e al bambino una speciale e adeguata protezione.
La legge stabilisce il limite minimo di età per il lavoro salariato.
La Repubblica tutela il lavoro dei minori con speciali norme e garantisce ad essi, a parità di lavoro, il diritto alla parità di retribuzione.

Art. 38
Ogni cittadino inabile al lavoro e sprovvisto dei mezzi necessari per vivere ha diritto al mantenimento e all'assistenza sociale.
I lavoratori hanno diritto che siano preveduti ed assicurati mezzi adeguati alle loro esigenze di vita in caso di infortunio, malattia, invalidità e vecchiaia, disoccupazione involontaria.
Gli inabili ed i minorati hanno diritto all'educazione e all'avviamento professionale.
Ai compiti previsti in questo articolo provvedono organi ed istituti predisposti o integrati dallo Stato.
L'assistenza privata è libera.

Art. 39
L'organizzazione sindacale è libera.
Ai sindacati non può essere imposto altro obbligo se non la loro registrazione presso uffici locali o centrali, secondo le norme di legge.
È condizione per la registrazione che gli statuti dei sindacati sanciscano un ordinamento interno a base democratica.
I sindacati registrati hanno personalità giuridica. Possono, rappresentati unitariamente in proporzione dei loro iscritti, stipulare contratti collettivi di lavoro con efficacia obbligatoria per tutti gli appartenenti alle categorie alle quali il contratto si riferisce.

Art. 40
Il diritto di sciopero si esercita nell'ambito delle leggi che lo regolano.

Art. 41
L'iniziativa economica privata è libera.
Non può svolgersi in contrasto con l'utilità sociale o in modo da recare danno alla sicurezza, alla libertà, alla dignità umana.

La legge determina i programmi e i controlli opportuni perché l'attività economica pubblica e privata possa essere indirizzata e coordinata a fini sociali.

Art. 42
La proprietà è pubblica o privata. I beni economici appartengono allo Stato, ad enti o a privati.
La proprietà privata è riconosciuta e garantita dalla legge, che ne determina i modi di acquisto, di godimento e i limiti allo scopo di assicurarne la funzione sociale e di renderla accessibile a tutti.
La proprietà privata può essere, nei casi preveduti dalla legge, e salvo indennizzo, espropriata per motivi d'interesse generale.
La legge stabilisce le norme ed i limiti della successione legittima e testamentaria e i diritti dello Stato sulle eredità.

Art. 43
A fini di utilità generale la legge può riservare originariamente o trasferire, mediante espropriazione e salvo indennizzo, allo Stato, ad enti pubblici o a comunità di lavoratori o di utenti, determinate imprese o categorie di imprese, che si riferiscano a servizi pubblici essenziali o a fonti di energia o a situazioni di monopolio ed abbiano carattere di preminente interesse generale.

Art. 44
Al fine di conseguire il razionale sfruttamento del suolo e di stabilire equi rapporti sociali, la legge impone obblighi e vincoli alla proprietà terriera privata, fissa limiti alla sua estensione secondo le regioni e le zone agrarie, promuove ed impone la bonifica delle terre, la trasformazione del latifondo e la ricostituzione delle unità produttive; aiuta la piccola e la media proprietà.
La legge dispone provvedimenti a favore delle zone montane.

Art. 45
La Repubblica riconosce la funzione sociale della cooperazione a carattere di mutualità e senza fini di speculazione privata. La legge ne promuove e favorisce l'incremento con i mezzi più idonei e ne assicura, con gli opportuni controlli, il carattere e le finalità.
La legge provvede alla tutela e allo sviluppo dell'artigianato.

Art. 46
Ai fini della elevazione economica e sociale del lavoro e in armonia con le esigenze della produzione, la Repubblica riconosce il diritto dei lavoratori a collaborare, nei modi e nei limiti stabiliti dalle leggi, alla gestione delle aziende.

Art. 47
La Repubblica incoraggia e tutela il risparmio in tutte le sue forme; disciplina, coordina e controlla l'esercizio del credito.
Favorisce l'accesso del risparmio popolare alla proprietà dell'abitazione, alla proprietà diretta coltivatrice e al diretto e indiretto investimento azionario nei grandi complessi produttivi del Paese.

Titolo IV. Rapporti politici

Art. 48
Sono elettori tutti i cittadini, uomini e donne, che hanno raggiunto la maggiore età.
Il voto è personale ed eguale, libero e segreto. Il suo esercizio è dovere civico.
La legge stabilisce requisiti e modalità per l'esercizio del diritto di voto dei cittadini residenti all'estero e ne assicura l'effettività.

A tale fine è istituita una circoscrizione Estero per l'elezione delle Camere, alla quale sono assegnati seggi nel numero stabilito da norma costituzionale e secondo criteri determinati dalla legge.
Il diritto di voto non può essere limitato se non per incapacità civile o per effetto di sentenza penale irrevocabile o nei casi di indegnità morale indicati dalla legge.

Art. 49
Tutti i cittadini hanno diritto di associarsi liberamente in partiti per concorrere con metodo democratico a determinare la politica nazionale.

Art. 50
Tutti i cittadini possono rivolgere petizioni alle Camere per chiedere provvedimenti legislativi o esporre comuni necessità.

Art. 51
Tutti i cittadini dell'uno o dell'altro sesso possono accedere agli uffici pubblici e alle cariche elettive in condizioni di eguaglianza, secondo i requisiti stabiliti dalla legge. A tale fine la Repubblica promuove con appositi provvedimenti le pari opportunità tra donne e uomini.
La legge può, per l'ammissione ai pubblici uffici e alle cariche elettive, parificare ai cittadini gli italiani non appartenenti alla Repubblica.
Chi è chiamato a funzioni pubbliche elettive ha diritto di disporre del tempo necessario al loro adempimento e di conservare il suo posto di lavoro.

Art. 52
La difesa della Patria è sacro dovere del cittadino.
Il servizio militare è obbligatorio nei limiti e modi stabiliti dalla legge. Il suo adempimento non pregiudica la posizione di lavoro del cittadino, né l'esercizio dei diritti politici.
L'ordinamento delle Forze armate si informa allo spirito democratico della Repubblica.

Art. 53
Tutti sono tenuti a concorrere alle spese pubbliche in ragione della loro capacità contributiva.
Il sistema tributario è informato a criteri di progressività.

Art. 54
Tutti i cittadini hanno il dovere di essere fedeli alla Repubblica e di osservarne la Costituzione e le leggi.
I cittadini cui sono affidate funzioni pubbliche hanno il dovere di adempierle, con disciplina ed onore, prestando giuramento nei casi stabiliti dalla legge.

PARTE SECONDA.
ORDINAMENTO DELLA REPUBBLICA

Titolo I. Il Parlamento

Sezione I. Le Camere

Art. 55
Il Parlamento si compone della Camera dei deputati e del Senato della Repubblica.
Il Parlamento si riunisce in seduta comune dei membri delle due Camere nei soli casi stabiliti dalla Costituzione.

Art. 56

La Camera dei deputati è eletta a suffragio universale e diretto.

Il numero dei deputati è di seicentotrenta, dodici dei quali eletti nella circoscrizione Estero.

Sono eleggibili a deputati tutti gli elettori che nel giorno delle elezioni hanno compiuto i venticinque anni di età.

La ripartizione dei seggi tra le circoscrizioni, fatto salvo il numero dei seggi assegnati alla circoscrizione Estero, si effettua dividendo il numero degli abitanti della Repubblica, quale risulta dall'ultimo censimento generale della popolazione, per seicentodiciotto e distribuendo i seggi in proporzione alla popolazione di ogni circoscrizione, sulla base dei quozienti interi e dei più alti resti.

Art. 57

Il Senato della Repubblica è eletto a base regionale, salvi i seggi assegnati alla circoscrizione Estero.

Il numero dei senatori elettivi è di trecentoquindici, sei dei quali eletti nella circoscrizione Estero.

Nessuna Regione può avere un numero di senatori inferiore a sette; il Molise ne ha due, la Valle d'Aosta uno.

La ripartizione dei seggi tra le Regioni, fatto salvo il numero dei seggi assegnati alla circoscrizione Estero, previa applicazione delle disposizioni del precedente comma, si effettua in proporzione alla popolazione delle Regioni, quale risulta dall'ultimo censimento generale, sulla base dei quozienti interi e dei più alti resti.

Art. 58

I senatori sono eletti a suffragio universale e diretto dagli elettori che hanno superato il venticinquesimo anno di età.

Sono eleggibili a senatori gli elettori che hanno compiuto il quarantesimo anno.

Art. 59

È senatore di diritto e a vita, salvo rinunzia, chi è stato Presidente della Repubblica.

Il Presidente della Repubblica può nominare senatori a vita cinque cittadini che hanno illustrato la Patria per altissimi meriti nel campo sociale, scientifico, artistico e letterario.

Art. 60

La Camera dei deputati e il Senato della Repubblica sono eletti per cinque anni.

La durata di ciascuna Camera non può essere prorogata se non per legge e soltanto in caso di guerra.

Art. 61

Le elezioni delle nuove Camere hanno luogo entro settanta giorni dalla fine delle precedenti. La prima riunione ha luogo non oltre il ventesimo giorno dalle elezioni.

Finché non siano riunite le nuove Camere sono prorogati i poteri delle precedenti.

Art. 62

Le Camere si riuniscono di diritto il primo giorno non festivo di febbraio e di ottobre.

Ciascuna Camera può essere convocata in via straordinaria per iniziativa del suo Presidente o del Presidente della Repubblica o di un terzo dei suoi componenti.

Quando si riunisce in via straordinaria una Camera, è convocata di diritto anche l'altra.

Art. 63

Ciascuna Camera elegge fra i suoi componenti il Presidente e l'Ufficio di presidenza.

Quando il Parlamento si riunisce in seduta comune, il Presidente e l'Ufficio di presidenza sono quelli della Camera dei deputati.

Art. 64

Ciascuna Camera adotta il proprio regolamento a maggioranza assoluta dei suoi componenti.

Le sedute sono pubbliche: tuttavia ciascuna delle due Camere e il Parlamento a Camere riunite possono deliberare di adunarsi in seduta segreta.

Le deliberazioni di ciascuna Camera e del Parlamento non sono valide se non è presente la maggioranza dei loro componenti, e se non sono adottate a maggioranza dei presenti, salvo che la Costituzione prescriva una maggioranza speciale.

I membri del Governo, anche se non fanno parte delle Camere, hanno diritto, e se richiesti obbligo, di assistere alle sedute. Devono essere sentiti ogni volta che lo richiedono.

Art. 65

La legge determina i casi di ineleggibilità e di incompatibilità con l'ufficio di deputato o di senatore.

Nessuno può appartenere contemporaneamente alle due Camere.

Art. 66

Ciascuna Camera giudica dei titoli di ammissione dei suoi componenti e delle cause sopraggiunte di ineleggibilità e di incompatibilità.

Art. 67

Ogni membro del Parlamento rappresenta la Nazione ed esercita le sue funzioni senza vincolo di mandato.

Art. 68

I membri del Parlamento non possono essere chiamati a rispondere delle opinioni espresse e dei voti dati nell'esercizio delle loro funzioni.

Senza autorizzazione della Camera alla quale appartiene, nessun membro del Parlamento può essere sottoposto a perquisizione personale o domiciliare, né può essere arrestato o altrimenti privato della libertà personale, o mantenuto in detenzione, salvo che in esecuzione di una sentenza irrevocabile di condanna, ovvero se sia colto nell'atto di commettere un delitto per il quale è previsto l'arresto obbligatorio in flagranza.

Analoga autorizzazione è richiesta per sottoporre i membri del Parlamento ad intercettazioni, in qualsiasi forma, di conversazioni o comunicazioni e a sequestro di corrispondenza.

Art. 69

I membri del Parlamento ricevono una indennità stabilita dalla legge.

Sezione II. La formazione delle leggi

Art. 70

La funzione legislativa è esercitata collettivamente dalle due Camere.

Art. 71

L'iniziativa delle leggi appartiene al Governo, a ciascun membro delle Camere ed agli organi ed enti ai quali sia conferita da legge costituzionale.

Il popolo esercita l'iniziativa delle leggi, mediante la proposta, da parte di almeno cinquantamila elettori, di un progetto redatto in articoli.

Art. 72
Ogni disegno di legge, presentato ad una Camera è, secondo le norme del suo regolamento, esaminato da una commissione e poi dalla Camera stessa, che l'approva articolo per articolo e con votazione finale.

Il regolamento stabilisce procedimenti abbreviati per i disegni di legge dei quali è dichiarata l'urgenza.

Può altresì stabilire in quali casi e forme l'esame e l'approvazione dei disegni di legge sono deferiti a commissioni, anche permanenti, composte in modo da rispecchiare la proporzione dei gruppi parlamentari. Anche in tali casi, fino al momento della sua approvazione definitiva, il disegno di legge è rimesso alla Camera, se il Governo o un decimo dei componenti della Camera o un quinto della commissione richiedono che sia discusso e votato dalla Camera stessa oppure che sia sottoposto alla sua approvazione finale con sole dichiarazioni di voto. Il regolamento determina le forme di pubblicità dei lavori delle commissioni.

La procedura normale di esame e di approvazione diretta da parte della Camera è sempre adottata per i disegni di legge in materia costituzionale ed elettorale e per quelli di delegazione legislativa, di autorizzazione a ratificare trattati internazionali, di approvazione di bilanci e consuntivi.

Art. 73
Le leggi sono promulgate dal Presidente della Repubblica entro un mese dall'approvazione.

Se le Camere, ciascuna a maggioranza assoluta dei propri componenti, ne dichiarano l'urgenza, la legge è promulgata nel termine da essa stabilito.

Le leggi sono pubblicate subito dopo la promulgazione ed entrano in vigore il quindicesimo giorno successivo alla loro pubblicazione, salvo che le leggi stesse stabiliscano un termine diverso.

Art. 74
Il Presidente della Repubblica, prima di promulgare la legge, può con messaggio motivato alle Camere chiedere una nuova deliberazione.

Se le Camere approvano nuovamente la legge, questa deve essere promulgata.

Art. 75
È indetto *referendum* popolare per deliberare l'abrogazione, totale o parziale, di una legge o di un atto avente valore di legge, quando lo richiedono cinquecentomila elettori o cinque Consigli regionali.

Non è ammesso il *referendum* per le leggi tributarie e di bilancio, di amnistia e di indulto, di autorizzazione a ratificare trattati internazionali.

Hanno diritto di partecipare al *referendum* tutti i cittadini chiamati ad eleggere la Camera dei deputati.

La proposta soggetta a *referendum* è approvata se ha partecipato alla votazione la maggioranza degli aventi diritto, e se è raggiunta la maggioranza dei voti validamente espressi.

La legge determina le modalità di attuazione del *referendum*.

Art. 76
L'esercizio della funzione legislativa non può essere delegato al Governo se non con determinazione di princìpi e criteri direttivi e soltanto per tempo limitato e per oggetti definiti.

Art. 77
Il Governo non può, senza delegazione delle Camere, emanare decreti che abbiano valore di legge ordinaria.

Quando, in casi straordinari di necessità e d'urgenza, il Governo adotta, sotto la sua responsabilità, provvedimenti provvisori con forza di legge, deve il giorno stesso presentarli per la conversione alle Camere che, anche se sciolte, sono appositamente convocate e si riuniscono entro cinque giorni.

I decreti perdono efficacia sin dall'inizio, se non sono convertiti in legge entro sessanta giorni dalla loro pubblicazione. Le Camere possono tuttavia regolare con legge i rapporti giuridici sorti sulla base dei decreti non convertiti.

Art. 78
Le Camere deliberano lo stato di guerra e conferiscono al Governo i poteri necessari.

Art. 79
L'amnistia e l'indulto sono concessi con legge deliberata a maggioranza dei due terzi dei componenti di ciascuna Camera, in ogni suo articolo e nella votazione finale.

La legge che concede l'amnistia o l'indulto stabilisce il termine per la loro applicazione.

In ogni caso l'amnistia e l'indulto non possono applicarsi ai reati commessi successivamente alla presentazione del disegno di legge.

Art. 80
Le Camere autorizzano con legge la ratifica dei trattati internazionali che sono di natura politica, o prevedono arbitrati o regolamenti giudiziari, o importano variazioni del territorio od oneri alle finanze o modificazioni di leggi.

Art. 81
Lo Stato assicura l'equilibrio tra le entrate e le spese del proprio bilancio, tenendo conto delle fasi avverse e delle fasi favorevoli del ciclo economico.

Il ricorso all'indebitamento è consentito solo al fine di considerare gli effetti del ciclo economico e, previa autorizzazione delle Camere adottata a maggioranza assoluta dei rispettivi componenti, al verificarsi di eventi eccezionali.

Ogni legge che importi nuovi o maggiori oneri provvede ai mezzi per farvi fronte.

Le Camere ogni anno approvano con legge il bilancio e il rendiconto consuntivo presentati dal Governo.

L'esercizio provvisorio del bilancio non può essere concesso se non per legge e per periodi non superiori complessivamente a quattro mesi.

Il contenuto della legge di bilancio, le norme fondamentali e i criteri volti ad assicurare l'equilibrio tra le entrate e le spese dei bilanci e la sostenibilità del debito del complesso delle pubbliche amministrazioni sono stabiliti con legge approvata a maggioranza assoluta dei componenti di ciascuna Camera, nel rispetto dei princìpi definiti con legge costituzionale.

Art. 82

Ciascuna Camera può disporre inchieste su materie di pubblico interesse.

A tale scopo nomina fra i propri componenti una commissione formata in modo da rispecchiare la proporzione dei vari gruppi. La commissione di inchiesta procede alle indagini e agli esami con gli stessi poteri e le stesse limitazioni della autorità giudiziaria.

Titolo II. Il Presidente della Repubblica

Art. 83

Il Presidente della Repubblica è eletto dal Parlamento in seduta comune dei suoi membri.

All'elezione partecipano tre delegati per ogni Regione eletti dal Consiglio regionale in modo che sia assicurata la rappresentanza delle minoranze. La Valle d'Aosta ha un solo delegato.

L'elezione del Presidente della Repubblica ha luogo per scrutinio segreto a maggioranza di due terzi della assemblea. Dopo il terzo scrutinio è sufficiente la maggioranza assoluta.

Art. 84

Può essere eletto Presidente della Repubblica ogni cittadino che abbia compiuto cinquanta anni di età e goda dei diritti civili e politici.

L'ufficio di Presidente della Repubblica è incompatibile con qualsiasi altra carica.

L'assegno e la dotazione del Presidente sono determinati per legge.

Art. 85

Il Presidente della Repubblica è eletto per sette anni.

Trenta giorni prima che scada il termine, il Presidente della Camera dei deputati convoca in seduta comune il Parlamento e i delegati regionali, per eleggere il nuovo Presidente della Repubblica.

Se le Camere sono sciolte, o manca meno di tre mesi alla loro cessazione, la elezione ha luogo entro quindici giorni dalla riunione delle Camere nuove. Nel frattempo sono prorogati i poteri del Presidente in carica.

Art. 86

Le funzioni del Presidente della Repubblica, in ogni caso che egli non possa adempierle, sono esercitate dal Presidente del Senato.

In caso di impedimento permanente o di morte o di dimissioni del Presidente della Repubblica, il Presidente della Camera dei deputati indice la elezione del nuovo Presidente della Repubblica entro quindici giorni, salvo il maggior termine previsto se le Camere sono sciolte o manca meno di tre mesi alla loro cessazione.

Art. 87

Il Presidente della Repubblica è il Capo dello Stato e rappresenta l'unità nazionale.

Può inviare messaggi alle Camere.

Indice le elezioni delle nuove Camere e ne fissa la prima riunione.

Autorizza la presentazione alle Camere dei disegni di legge di iniziativa del Governo.

Promulga le leggi ed emana i decreti aventi valore di legge e i regolamenti.

Indice il *referendum* popolare nei casi previsti dalla Costituzione.

Nomina, nei casi indicati dalla legge, i funzionari dello Stato.

Accredita e riceve i rappresentanti diplomatici, ratifica i trattati internazionali, previa, quando occorra, l'autorizzazione delle Camere.

Ha il comando delle Forze armate, presiede il Consiglio supremo di difesa costituito secondo la legge, dichiara lo stato di guerra deliberato dalle Camere.

Presiede il Consiglio superiore della magistratura.

Può concedere grazia e commutare le pene.

Conferisce le onorificenze della Repubblica.

Art. 88

Il Presidente della Repubblica può, sentiti i loro Presidenti, sciogliere le Camere o anche una sola di esse.

Non può esercitare tale facoltà negli ultimi sei mesi del suo mandato, salvo che essi coincidano in tutto o in parte con gli ultimi sei mesi della legislatura.

Art. 89

Nessun atto del Presidente della Repubblica è valido se non è controfirmato dai ministri proponenti, che ne assumono la responsabilità.

Gli atti che hanno valore legislativo e gli altri indicati dalla legge sono controfirmati anche dal Presidente del Consiglio dei ministri.

Art. 90

Il Presidente della Repubblica non è responsabile degli atti compiuti nell'esercizio delle sue funzioni, tranne che per alto tradimento o per attentato alla Costituzione.

In tali casi è messo in stato di accusa dal Parlamento in seduta comune, a maggioranza assoluta dei suoi membri.

Art. 91

Il Presidente della Repubblica, prima di assumere le sue funzioni, presta giuramento di fedeltà alla Repubblica e di osservanza della Costituzione dinanzi al Parlamento in seduta comune.

Titolo III. Il Governo

Sezione I. Il Consiglio dei ministri

Art. 92

Il Governo della Repubblica è composto del Presidente del Consiglio e dei ministri, che costituiscono insieme il Consiglio dei ministri.

Il Presidente della Repubblica nomina il Presidente del Consiglio dei ministri e, su proposta di questo, i ministri.

Art. 93

Il Presidente del Consiglio dei ministri e i ministri, prima di assumere le funzioni, prestano giuramento nelle mani del Presidente della Repubblica.

Art. 94

Il Governo deve avere la fiducia delle due Camere.

Ciascuna Camera accorda o revoca la fiducia mediante mozione motivata e votata per appello nominale.

Entro dieci giorni dalla sua formazione il Governo si presenta alle Camere per ottenerne la fiducia.

Il voto contrario di una o di entrambe le Camere su una proposta del Governo non importa obbligo di dimissioni.

La mozione di sfiducia deve essere firmata da almeno un decimo dei componenti della Camera e non può essere messa in discussione prima di tre giorni dalla sua presentazione.

Art. 95

Il Presidente del Consiglio dei ministri dirige la politica generale del Governo e ne è responsabile. Mantiene l'unità di indirizzo politico ed amministrativo, promovendo e coordinando l'attività dei ministri.

I ministri sono responsabili collegialmente degli atti del Consiglio dei ministri, e individualmente degli atti dei loro dicasteri.

La legge provvede all'ordinamento della Presidenza del Consiglio e determina il numero, le attribuzioni e l'organizzazione dei ministeri.

Art. 96

Il Presidente del Consiglio dei ministri ed i ministri, anche se cessati dalla carica, sono sottoposti, per i reati commessi nell'esercizio delle loro funzioni, alla giurisdizione ordinaria, previa autorizzazione del Senato della Repubblica o della Camera dei deputati, secondo le norme stabilite con legge costituzionale.

Sezione II. La Pubblica Amministrazione

Art. 97

Le pubbliche amministrazioni, in coerenza con l'ordinamento dell'Unione europea, assicurano l'equilibrio dei bilanci e la sostenibilità del debito pubblico.

I pubblici uffici sono organizzati secondo disposizioni di legge, in modo che siano assicurati il buon andamento e la imparzialità dell'amministrazione.

Nell'ordinamento degli uffici sono determinate le sfere di competenza, le attribuzioni e le responsabilità proprie dei funzionari.

Agli impieghi nelle pubbliche amministrazioni si accede mediante concorso, salvo i casi stabiliti dalla legge.

Art. 98

I pubblici impiegati sono al servizio esclusivo della Nazione.

Se sono membri del Parlamento, non possono conseguir promozioni se non per anzianità.

Si possono con legge stabilire limitazioni al diritto d'iscriversi ai partiti politici per i magistrati, i militari di carriera in servizio attivo, i funzionari ed agenti di polizia, i rappresentanti diplomatici e consolari all'estero.

Sezione III. Gli organi ausiliari

Art. 99

Il Consiglio nazionale dell'economia e del lavoro è composto, nei modi stabiliti dalla legge, di esperti e di rappresentanti delle categorie produttive, in misura che tenga conto della loro importanza numerica e qualitativa.

È organo di consulenza delle Camere e del Governo per le materie e secondo le funzioni che gli sono attribuite dalla legge.

Ha l'iniziativa legislativa e può contribuire alla elaborazione della legislazione economica e sociale secondo i principi ed entro i limiti stabiliti dalla legge.

Art. 100

Il Consiglio di Stato è organo di consulenza giuridico-amministrativa e di tutela della giustizia nell'amministrazione.

La Corte dei conti esercita il controllo preventivo di legittimità sugli atti del Governo, e anche quello successivo sulla gestione del bilancio dello Stato. Partecipa, nei casi e nelle forme stabilite dalla legge, al controllo sulla gestione finanziaria degli enti a cui lo Stato contribuisce in via ordinaria. Riferisce direttamente alle Camere sul risultato del riscontro eseguito.

La legge assicura l'indipendenza dei due istituti e dei loro componenti di fronte al Governo.

Titolo IV. La magistratura

Sezione I. Ordinamento giurisdizionale

Art. 101

La giustizia è amministrata in nome del popolo.

I giudici sono soggetti soltanto alla legge.

Art. 102

La funzione giurisdizionale è esercitata da magistrati ordinari istituiti e regolati dalle norme sull'ordinamento giudiziario.

Non possono essere istituiti giudici straordinari o giudici speciali. Possono soltanto istituirsi presso gli organi giudiziari ordinari sezioni specializzate per determinate materie, anche con la partecipazione di cittadini idonei estranei alla magistratura.

La legge regola i casi e le forme della partecipazione diretta del popolo all'amministrazione della giustizia.

Art. 103

Il Consiglio di Stato e gli altri organi di giustizia amministrativa hanno giurisdizione per la tutela nei confronti della pubblica amministrazione degli interessi legittimi e, in particolari materie indicate dalla legge, anche dei diritti soggettivi.

La Corte dei conti ha giurisdizione nelle materie di contabilità pubblica e nelle altre specificate dalla legge.

I tribunali militari in tempo di guerra hanno la giurisdizione stabilita dalla legge. In tempo di pace hanno giurisdizione soltanto per i reati militari commessi da appartenenti alle Forze armate.

Art. 104

La magistratura costituisce un ordine autonomo e indipendente da ogni altro potere.

Il Consiglio superiore della magistratura è presieduto dal Presidente della Repubblica.

Ne fanno parte di diritto il primo presidente e il procuratore generale della Corte di cassazione.

Gli altri componenti sono eletti per due terzi da tutti i magistrati ordinari tra gli appartenenti alle varie categorie, e per un terzo dal Parlamento in seduta comune tra professori ordinari di università in materie giuridiche ed avvocati dopo quindici anni di esercizio.

Il Consiglio elegge un vicepresidente fra i componenti designati dal Parlamento.

I membri elettivi del Consiglio durano in carica quattro anni e non sono immediatamente rieleggibili.

Non possono, finché sono in carica, essere iscritti, negli albi professionali, né far parte del Parlamento o di un Consiglio regionale.

Art. 105

Spettano al Consiglio superiore della magistratura, secondo le norme dell'ordinamento giudiziario, le assunzioni, le assegnazioni ed i trasferimenti, le promozioni e i provvedimenti disciplinari nei riguardi dei magistrati.

Art. 106

Le nomine dei magistrati hanno luogo per concorso.

La legge sull'ordinamento giudiziario può ammettere la nomina, anche elettiva, di magistrati onorari per tutte le funzioni attribuite a giudici singoli.

Su designazione del Consiglio superiore della magistratura possono essere chiamati all'ufficio di consiglieri di cassazione, per meriti insigni, professori ordinari di università in materie giuridiche e avvocati che abbiano quindici anni di esercizio e siano iscritti negli albi speciali per le giurisdizioni superiori.

Art. 107

I magistrati sono inamovibili. Non possono essere dispensati o sospesi dal servizio né destinati ad altre sedi o funzioni se non in seguito a decisione del Consiglio superiore della magistratura, adottata o per i motivi e con le garanzie di difesa stabilite dall'ordinamento giudiziario o con il loro consenso.

Il Ministro della giustizia ha facoltà di promuovere l'azione disciplinare.

I magistrati si distinguono fra loro soltanto per diversità di funzioni.

Il pubblico ministero gode delle garanzie stabilite nei suoi riguardi dalle norme sull'ordinamento giudiziario.

Art. 108

Le norme sull'ordinamento giudiziario e su ogni magistratura sono stabilite con legge.

La legge assicura l'indipendenza dei giudici delle giurisdizioni speciali, del pubblico ministero presso di esse, e degli estranei che partecipano all'amministrazione della giustizia.

Art. 109

L'autorità giudiziaria dispone direttamente della polizia giudiziaria.

Art. 110

Ferme le competenze del Consiglio superiore della magistratura, spettano al Ministro della giustizia l'organizzazione e il funzionamento dei servizi relativi alla giustizia.

Sezione II. Norme sulla giurisdizione

Art. 111

La giurisdizione si attua mediante il giusto processo regolato dalla legge.

Ogni processo si svolge nel contraddittorio tra le parti, in condizioni di parità, davanti a giudice terzo e imparziale. La legge ne assicura la ragionevole durata.

Nel processo penale, la legge assicura che la persona accusata di un reato sia, nel più breve tempo possibile, informata riservatamente della natura e dei motivi dell'accusa elevata a suo carico; disponga del tempo e delle condizioni necessari per preparare la sua difesa; abbia la facoltà, davanti al giudice, di interrogare o di far interrogare le persone che rendono dichiarazioni a suo carico, di ottenere la convocazione e l'interrogatorio di persone a sua difesa nelle stesse condizioni dell'accusa e l'acquisizione di ogni altro mezzo di prova a suo favore; sia assistita da un interprete se non comprende o non parla la lingua impiegata nel processo.

Il processo penale è regolato dal principio del contraddittorio nella formazione della prova. La colpevolezza dell'imputato non può essere provata sulla base di dichiarazioni rese da chi, per libera scelta, si è sempre volontariamente sottratto all'interrogatorio da parte dell'imputato o del suo difensore.

La legge regola i casi in cui la formazione della prova non ha luogo in contraddittorio per consenso dell'imputato o per accertata impossibilità di natura oggettiva o per effetto di provata condotta illecita.

Tutti i provvedimenti giurisdizionali devono essere motivati.

Contro le sentenze e contro i provvedimenti sulla libertà personale, pronunciati dagli organi giurisdizionali ordinari o speciali, è sempre ammesso ricorso in cassazione per violazione di legge. Si può derogare a tale norma soltanto per le sentenze dei tribunali militari in tempo di guerra.

Contro le decisioni del Consiglio di Stato e della Corte dei conti il ricorso in cassazione è ammesso per i soli motivi inerenti alla giurisdizione.

Art. 112

Il pubblico ministero ha l'obbligo di esercitare l'azione penale.

Art. 113

Contro gli atti della pubblica amministrazione è sempre ammessa la tutela giurisdizionale dei diritti e degli interessi legittimi dinanzi agli organi di giurisdizione ordinaria o amministrativa.

Tale tutela giurisdizionale non può essere esclusa o limitata a particolari mezzi di impugnazione o per determinate categorie di atti.

La legge determina quali organi di giurisdizione possono annullare gli atti della pubblica amministrazione nei casi e con gli effetti previsti dalla legge stessa.

Titolo V. Le Regioni, le Province, i Comuni

Art. 114

La Repubblica è costituita dai Comuni, dalle Province, dalle Città metropolitane, dalle Regioni e dallo Stato.

I Comuni, le Province, le Città metropolitane e le Regioni sono enti autonomi con propri statuti, poteri e funzioni secondo i principi fissati dalla Costituzione.

Roma è la capitale della Repubblica. La legge dello Stato disciplina il suo ordinamento.

Art. 115

(*Abrogato*)

Art. 116

Il Friuli Venezia Giulia, la Sardegna, la Sicilia, il Trentino-Alto Adige/Südtirol e la Valle d'Aosta/Vallée d'Aoste dispongono di forme e condizioni particolari di autonomia, secondo i rispettivi statuti speciali adottati con legge costituzionale.
La Regione Trentino-Alto Adige/Südtirol è costituita dalle Province autonome di Trento e di Bolzano.
Ulteriori forme e condizioni particolari di autonomia, concernenti le materie di cui al terzo comma dell'articolo 117 e le materie indicate dal secondo comma del medesimo articolo alle lettere *l)*, limitatamente all'organizzazione della giustizia di pace, *n)* e *s)*, possono essere attribuite ad altre Regioni, con legge dello Stato, su iniziativa della Regione interessata, sentiti gli enti locali, nel rispetto dei principi di cui all'articolo 119. La legge è approvata dalle Camere a maggioranza assoluta dei componenti, sulla base di intesa fra lo Stato e la Regione interessata.

Art. 117

La potestà legislativa è esercitata dallo Stato e dalle Regioni nel rispetto della Costituzione, nonché dei vincoli derivanti dall'ordinamento comunitario e dagli obblighi internazionali.
Lo Stato ha legislazione esclusiva nelle seguenti materie:
a) politica estera e rapporti internazionali dello Stato; rapporti dello Stato con l'Unione europea; diritto di asilo e condizione giuridica dei cittadini di Stati non appartenenti all'Unione europea;
b) immigrazione;
c) rapporti tra la Repubblica e le confessioni religiose;
d) difesa e Forze armate; sicurezza dello Stato; armi, munizioni ed esplosivi;
e) moneta, tutela del risparmio e mercati finanziari; tutela della concorrenza; sistema valutario; sistema tributario e contabile dello Stato; armonizzazione dei bilanci pubblici; perequazione delle risorse finanziarie;
f) organi dello Stato e relative leggi elettorali; referendum statali; elezione del Parlamento europeo;
g) ordinamento e organizzazione amministrativa dello Stato e degli enti pubblici nazionali;
h) ordine pubblico e sicurezza, ad esclusione della polizia amministrativa locale;
i) cittadinanza, stato civile e anagrafi;
l) giurisdizione e norme processuali; ordinamento civile e penale; giustizia amministrativa;
m) determinazione dei livelli essenziali delle prestazioni concernenti i diritti civili e sociali che devono essere garantiti su tutto il territorio nazionale;
n) norme generali sull'istruzione;
o) previdenza sociale;
p) legislazione elettorale, organi di governo e funzioni fondamentali di Comuni, Province e Città metropolitane;
q) dogane, protezione dei confini nazionali e profilassi internazionale;
r) pesi, misure e determinazione del tempo; coordinamento informativo statistico e informatico dei dati dell'amministrazione statale, regionale e locale; opere dell'ingegno;
s) tutela dell'ambiente, dell'ecosistema e dei beni culturali.
Sono materie di legislazione concorrente quelle relative a: rapporti internazionali e con l'Unione europea delle Regioni; commercio con l'estero; tutela e sicurezza del lavoro; istruzione, salva l'autonomia delle istituzioni scolastiche e con esclusione della istruzione e della formazione professionale; professioni; ricerca scientifica e tecnologica e sostegno all'innovazione per i settori produttivi; tutela della salute; alimentazione; ordinamento sportivo; protezione civile; governo del territorio; porti e aeroporti civili; grandi reti di trasporto e di navigazione; ordinamento della comunicazione; produzione, trasporto e distribuzione nazionale dell'energia; previdenza complementare e integrativa; coordinamento della finanza pubblica e del sistema tributario; valorizzazione dei beni culturali e ambientali e promozione e organizzazione di attività culturali; casse di risparmio, casse rurali, aziende di credito a carattere regionale; enti di credito fondiario e agrario a carattere regionale. Nelle materie di legislazione concorrente spetta alle Regioni la potestà legislativa, salvo che per la determinazione dei principi fondamentali, riservata alla legislazione dello Stato.
Spetta alle Regioni la potestà legislativa in riferimento ad ogni materia non espressamente riservata alla legislazione dello Stato.
Le Regioni e le Province autonome di Trento e di Bolzano, nelle materie di loro competenza, partecipano alle decisioni dirette alla formazione degli atti normativi comunitari e provvedono all'attuazione e all'esecuzione degli accordi internazionali e degli atti dell'Unione europea, nel rispetto delle norme di procedura stabilite da legge dello Stato, che disciplina le modalità di esercizio del potere sostitutivo in caso di inadempienza.
La potestà regolamentare spetta allo Stato nelle materie di legislazione esclusiva, salva delega alle Regioni. La potestà regolamentare spetta alle Regioni in ogni altra materia. I Comuni, le Province e le Città metropolitane hanno potestà regolamentare in ordine alla disciplina dell'organizzazione e dello svolgimento delle funzioni loro attribuite.
Le leggi regionali rimuovono ogni ostacolo che impedisce la piena parità degli uomini e delle donne nella vita sociale, culturale ed economica e promuovono la parità di accesso tra donne e uomini alle cariche elettive.
La legge regionale ratifica le intese della Regione con altre Regioni per il migliore esercizio delle proprie funzioni, anche con individuazione di organi comuni.
Nelle materie di sua competenza la Regione può concludere accordi con Stati e intese con enti territoriali interni ad altro Stato, nei casi e con le forme disciplinati da leggi dello Stato.

Art. 118

Le funzioni amministrative sono attribuite ai Comuni salvo che, per assicurarne l'esercizio unitario, siano conferite a Province, Città metropolitane, Regioni e Stato, sulla base dei principi di sussidiarietà, differenziazione ed adeguatezza.
I Comuni, le Province e le Città metropolitane sono titolari di funzioni amministrative proprie e di quelle conferite con legge statale o regionale, secondo le rispettive competenze.
La legge statale disciplina forme di coordinamento fra Stato e Regioni nelle materie di cui alle lettere *b)* e *h)* del secondo comma dell'articolo 117, e disciplina inoltre forme di intesa e coordinamento nella materia della tutela dei beni culturali.
Stato, Regioni, Città metropolitane, Province e Comuni favoriscono l'autonoma iniziativa dei cittadini, singoli e associati, per lo svolgimento di attività di interesse generale, sulla base del principio di sussidiarietà.

Art. 119

I Comuni, le Province, le Città metropolitane e le Regioni hanno autonomia finanziaria di entrata e di spesa, nel rispetto dell'equilibrio dei relativi bilanci, e concorrono ad assicurare l'osservanza dei vincoli economici e finanziari derivanti dall'ordinamento dell'Unione europea.

I Comuni, le Province, le Città metropolitane e le Regioni hanno risorse autonome. Stabiliscono e applicano tributi ed entrate propri, in armonia con la Costituzione e secondo i principi di coordinamento della finanza pubblica e del sistema tributario. Dispongono di compartecipazioni al gettito di tributi erariali riferibile al loro territorio.

La legge dello Stato istituisce un fondo perequativo, senza vincoli di destinazione, per i territori con minore capacità fiscale per abitante.

Le risorse derivanti dalle fonti di cui ai commi precedenti consentono ai Comuni, alle Province, alle Città metropolitane e alle Regioni di finanziare integralmente le funzioni pubbliche loro attribuite.

Per promuovere lo sviluppo economico, la coesione e la solidarietà sociale, per rimuovere gli squilibri economici e sociali, per favorire l'effettivo esercizio dei diritti della persona, o per provvedere a scopi diversi dal normale esercizio delle loro funzioni, lo Stato destina risorse aggiuntive ed effettua interventi speciali in favore di determinati Comuni, Province, Città metropolitane e Regioni.

I Comuni, le Province, le Città metropolitane e le Regioni hanno un proprio patrimonio, attribuito secondo i princìpi generali determinati dalla legge dello Stato. Possono ricorrere all'indebitamento solo per finanziare spese di investimento, con la contestuale definizione di piani di ammortamento e a condizione che per il complesso degli enti di ciascuna Regione sia rispettato l'equilibrio di bilancio. È esclusa ogni garanzia dello Stato sui prestiti dagli stessi contratti.

Art. 120

La Regione non può istituire dazi di importazione o esportazione o transito tra le Regioni, né adottare provvedimenti che ostacolino in qualsiasi modo la libera circolazione delle persone e delle cose tra le Regioni, né limitare l'esercizio del diritto al lavoro in qualunque parte del territorio nazionale.

Il Governo può sostituirsi a organi delle Regioni, delle Città metropolitane, delle Province e dei Comuni nel caso di mancato rispetto di norme e trattati internazionali o della normativa comunitaria oppure di pericolo grave per l'incolumità e la sicurezza pubblica, ovvero quando lo richiedono la tutela dell'unità giuridica o dell'unità economica e in particolare la tutela dei livelli essenziali delle prestazioni concernenti i diritti civili e sociali, prescindendo dai confini territoriali dei governi locali. La legge definisce le procedure atte a garantire che i poteri sostitutivi siano esercitati nel rispetto del principio di sussidiarietà e del principio di leale collaborazione.

Art. 121

Sono organi della Regione: il Consiglio regionale, la Giunta e il suo Presidente.

Il Consiglio regionale esercita le potestà legislative attribuite alla Regione e le altre funzioni conferitegli dalla Costituzione e dalle leggi. Può fare proposte di legge alle Camere.

La Giunta regionale è l'organo esecutivo delle Regioni.

Il Presidente della Giunta rappresenta la Regione; dirige la politica della Giunta e ne è responsabile; promulga le leggi ed emana i regolamenti regionali; dirige le funzioni amministrative delegate dallo Stato alla Regione, conformandosi alle istruzioni del Governo della Repubblica.

Art. 122

Il sistema di elezione e i casi di ineleggibilità e di incompatibilità del Presidente e degli altri componenti della Giunta regionale nonché dei consiglieri regionali sono disciplinati con legge della Regione nei limiti dei principi fondamentali stabiliti con legge della Repubblica, che stabilisce anche la durata degli organi elettivi.

Nessuno può appartenere contemporaneamente a un Consiglio o a una Giunta regionale e ad una delle Camere del Parlamento, ad un altro Consiglio o ad altra Giunta regionale, ovvero al Parlamento europeo.

Il Consiglio elegge tra i suoi componenti un Presidente e un ufficio di presidenza.

I consiglieri regionali non possono essere chiamati a rispondere delle opinioni espresse e dei voti dati nell'esercizio delle loro funzioni.

Il Presidente della Giunta regionale, salvo che lo statuto regionale disponga diversamente, è eletto a suffragio universale e diretto. Il Presidente eletto nomina e revoca i componenti della Giunta.

Art. 123

Ciascuna Regione ha uno statuto che, in armonia con la Costituzione, ne determina la forma di governo e i principi fondamentali di organizzazione e funzionamento. Lo statuto regola l'esercizio del diritto di iniziativa e del *referendum* su leggi e provvedimenti amministrativi della Regione e la pubblicazione delle leggi e dei regolamenti regionali.

Lo statuto è approvato e modificato dal Consiglio regionale con legge approvata a maggioranza assoluta dei suoi componenti, con due deliberazioni successive adottate ad intervallo non minore di due mesi. Per tale legge non è richiesta l'apposizione del visto da parte del Commissario del Governo. Il Governo della Repubblica può promuovere la questione di legittimità costituzionale sugli statuti regionali dinanzi alla Corte costituzionale entro trenta giorni dalla loro pubblicazione.

Lo statuto è sottoposto a *referendum* popolare qualora entro tre mesi dalla sua pubblicazione ne faccia richiesta un cinquantesimo degli elettori della Regione o un quinto dei componenti il Consiglio regionale. Lo statuto sottoposto a *referendum* non è promulgato se non è approvato dalla maggioranza dei voti validi.

In ogni Regione, lo statuto disciplina il Consiglio delle autonomie locali, quale organo di consultazione fra la Regione e gli enti locali.

Art. 124

(*Abrogato*)

Art. 125

Nella Regione sono istituiti organi di giustizia amministrativa di primo grado, secondo l'ordinamento stabilito da legge della Repubblica. Possono istituirsi sezioni con sede diversa dal capoluogo della Regione.

Art. 126
Con decreto motivato del Presidente della Repubblica sono disposti lo scioglimento del Consiglio regionale e la rimozione del Presidente della Giunta che abbiano compiuto atti contrari alla Costituzione o gravi violazioni di legge. Lo scioglimento e la rimozione possono altresì essere disposti per ragioni di sicurezza nazionale. Il decreto è adottato sentita una Commissione di deputati e senatori costituita, per le questioni regionali, nei modi stabiliti con legge della Repubblica.

Il Consiglio regionale può esprimere la sfiducia nei confronti del Presidente della Giunta mediante mozione motivata, sottoscritta da almeno un quinto dei suoi componenti e approvata per appello nominale a maggioranza assoluta dei componenti. La mozione non può essere messa in discussione prima di tre giorni dalla presentazione.

L'approvazione della mozione di sfiducia nei confronti del Presidente della Giunta eletto a suffragio universale e diretto, nonché la rimozione, l'impedimento permanente, la morte o le dimissioni volontarie dello stesso comportano le dimissioni della Giunta e lo scioglimento del Consiglio. In ogni caso i medesimi effetti conseguono alle dimissioni contestuali della maggioranza dei componenti il Consiglio.

Art. 127
Il Governo, quando ritenga che una legge regionale ecceda la competenza della Regione, può promuovere la questione di legittimità costituzionale dinanzi alla Corte costituzionale entro sessanta giorni dalla sua pubblicazione.

La Regione, quando ritenga che una legge o un atto avente valore di legge dello Stato o di un'altra Regione leda la sua sfera di competenza, può promuovere la questione di legittimità costituzionale dinanzi alla Corte costituzionale entro sessanta giorni dalla pubblicazione della legge o dell'atto avente valore di legge.

Art. 128
(*Abrogato*)

Art. 129
(*Abrogato*)

Art. 130
(*Abrogato*)

Art. 131
Sono costituite le seguenti Regioni: Piemonte; Valle d'Aosta; Lombardia; Trentino-Alto Adige; Veneto; Friuli-Venezia Giulia; Liguria; Emilia-Romagna; Toscana; Umbria; Marche; Lazio; Abruzzi; Molise; Campania; Puglia; Basilicata; Calabria; Sicilia; Sardegna.

Art. 132
Si può, con legge costituzionale, sentiti i Consigli regionali, disporre la fusione di Regioni esistenti o la creazione di nuove Regioni con un minimo di un milione di abitanti, quando ne facciano richiesta tanti Consigli comunali che rappresentino almeno un terzo delle popolazioni interessate, e la proposta sia approvata con *referendum* dalla maggioranza delle popolazioni stesse.

Si può, con l'approvazione della maggioranza delle popolazioni della Provincia o delle Province interessate e del Comune o dei Comuni interessati espressa mediante *referendum* e con legge della Repubblica, sentiti i Consigli regionali, consentire che Province e Comuni, che ne facciano richiesta, siano staccati da una Regione e aggregati ad un'altra.

Art. 133
Il mutamento delle circoscrizioni provinciali e la istituzione di nuove Province nell'ambito di una Regione sono stabiliti con leggi della Repubblica, su iniziativa dei Comuni, sentita la stessa Regione.

La Regione, sentite le popolazioni interessate, può con sue leggi istituire nel proprio territorio nuovi Comuni e modificare le loro circoscrizioni e denominazioni.

Titolo VI. Garanzie costituzionali
Sezione I. La Corte costituzionale

Art. 134
La Corte costituzionale giudica:
- sulle controversie relative alla legittimità costituzionale delle leggi e degli atti, aventi forza di legge, dello Stato e delle Regioni;
- sui conflitti di attribuzione tra i poteri dello Stato e su quelli tra lo Stato e le Regioni, e tra le Regioni;
- sulle accuse promosse contro il Presidente della Repubblica, a norma della Costituzione.

Art. 135
La Corte costituzionale è composta di quindici giudici nominati per un terzo dal Presidente della Repubblica, per un terzo dal Parlamento in seduta comune e per un terzo dalle supreme magistrature ordinaria ed amministrative.

I giudici della Corte costituzionale sono scelti fra i magistrati anche a riposo delle giurisdizioni superiori ordinaria ed amministrative, i professori ordinari di università in materie giuridiche e gli avvocati dopo venti anni di esercizio.

I giudici della Corte costituzionale sono nominati per nove anni, decorrenti per ciascuno di essi dal giorno del giuramento, e non possono essere nuovamente nominati.

Alla scadenza del termine il giudice costituzionale cessa dalla carica e dall'esercizio delle funzioni.

La Corte elegge tra i suoi componenti, secondo le norme stabilite dalla legge, il Presidente, che rimane in carica per un triennio, ed è rieleggibile, fermi in ogni caso i termini di scadenza dall'ufficio di giudice.

L'ufficio di giudice della Corte è incompatibile con quello di membro del Parlamento, di un Consiglio regionale, con l'esercizio della professione di avvocato e con ogni carica ed ufficio indicati dalla legge.

Nei giudizi d'accusa contro il Presidente della Repubblica intervengono, oltre i giudici ordinari della Corte, sedici membri tratti a sorte da un elenco di cittadini aventi i requisiti per l'eleggibilità a senatore, che il Parlamento compila ogni nove anni mediante elezione con le stesse modalità stabilite per la nomina dei giudici ordinari.

Art. 136
Quando la Corte dichiara l'illegittimità costituzionale di una norma di legge o di un atto avente forza di legge, la norma cessa di avere efficacia dal giorno successivo alla pubblicazione della decisione.

La decisione della Corte è pubblicata e comunicata alle Camere ed ai Consigli regionali interessati, affinché, ove lo ritengano necessario, provvedano nelle forme costituzionali.

Art. 137
Una legge costituzionale stabilisce le condizioni, le forme, i termini di proponibilità dei giudizi di legittimità costituzionale, e le garanzie d'indipendenza dei giudici della Corte.

Con legge ordinaria sono stabilite le altre norme necessarie per la costituzione e il funzionamento della Corte.

Contro le decisioni della Corte costituzionale non è ammessa alcuna impugnazione.

Sezione II. Revisione della Costituzione. Leggi costituzionali

Art. 138
Le leggi di revisione della Costituzione e le altre leggi costituzionali sono adottate da ciascuna Camera con due successive deliberazioni ad intervallo non minore di tre mesi, e sono approvate a maggioranza assoluta dei componenti di ciascuna Camera nella seconda votazione.

Le leggi stesse sono sottoposte a referendum popolare quando, entro tre mesi dalla loro pubblicazione, ne facciano domanda un quinto dei membri di una Camera o cinquecentomila elettori o cinque Consigli regionali. La legge sottoposta a referendum non è promulgata se non è approvata dalla maggioranza dei voti validi. Non si fa luogo a referendum se la legge è stata approvata nella seconda votazione da ciascuna delle Camere a maggioranza di due terzi dei suoi componenti.

Art. 139
La forma repubblicana non può essere oggetto di revisione costituzionale.

DISPOSIZIONI TRANSITORIE E FINALI

I
Con l'entrata in vigore della Costituzione il Capo provvisorio dello Stato esercita le attribuzioni di Presidente della Repubblica e ne assume il titolo.

II
Se alla data della elezione del Presidente della Repubblica non sono costituiti tutti i Consigli regionali, partecipano alla elezione soltanto i componenti delle due Camere.

III
Per la prima composizione del Senato della Repubblica sono nominati senatori, con decreto del Presidente della Repubblica, i deputati dell'Assemblea Costituente che posseggono i requisiti di legge per essere senatori e che:
- sono stati presidenti del Consiglio dei ministri o di Assemblee legislative;
- hanno fatto parte del disciolto Senato;
- hanno avuto almeno tre elezioni compresa quella all'Assemblea Costituente;
- sono stati dichiarati decaduti nella seduta della Camera dei deputati del 9 novembre 1926;
- hanno scontato la pena della reclusione non inferiore a cinque anni in seguito a condanna del tribunale speciale fascista per la difesa dello Stato.

Sono nominati altresì senatori, con decreto del Presidente della Repubblica, i membri del disciolto Senato che hanno fatto parte della Consulta Nazionale.

Al diritto di essere nominati senatori si può rinunciare prima della firma del decreto di nomina. L'accettazione della candidatura alle elezioni politiche implica rinuncia al diritto di nomina a senatore.

IV
Per la prima elezione del Senato il Molise è considerato come Regione a sé stante, con il numero dei senatori che gli compete in base alla sua popolazione.

V
La disposizione dell'articolo 80 della Costituzione, per quanto concerne i trattati internazionali che importano oneri alle finanze o modificazioni di legge, ha effetto dalla data di convocazione delle Camere.

VI
Entro cinque anni dall'entrata in vigore della Costituzione si procede alla revisione degli organi speciali di giurisdizione attualmente esistenti, salvo le giurisdizioni del Consiglio di Stato, della Corte dei conti e dei Tribunali militari.

Entro un anno dalla stessa data si provvede con legge al riordinamento del Tribunale supremo militare in relazione all'articolo 111.

VII
Fino a quando non sia emanata la nuova legge sull'ordinamento giudiziario in conformità con la Costituzione, continuano ad osservarsi le norme dell'ordinamento vigente.

Fino a quando non entri in funzione la Corte costituzionale, la decisione delle controversie indicate nell'articolo 134 ha luogo nelle forme e nei limiti delle norme preesistenti all'entrata in vigore della Costituzione.

VIII
Le elezioni dei Consigli regionali e degli organi elettivi delle amministrazioni provinciali sono indette entro un anno dall'entrata in vigore della Costituzione.

Leggi della Repubblica regolano per ogni ramo della pubblica amministrazione il passaggio delle funzioni statali attribuite alle Regioni. Fino a quando non sia provveduto al riordinamento e alla distribuzione delle funzioni amministrative fra gli enti locali, restano alle Provincie ed ai Comuni le funzioni che esercitano attualmente e le altre di cui le Regioni deleghino loro l'esercizio. Leggi della Repubblica regolano il passaggio alle Regioni di funzionari e dipendenti dello Stato, anche delle amministrazioni centrali, che sia reso necessario dal nuovo ordinamento. Per la formazione dei loro uffici le Regioni devono, tranne che in casi di necessità, trarre il proprio personale da quello dello Stato e degli enti locali.

IX
La Repubblica, entro tre anni dall'entrata in vigore della Costituzione, adegua le sue leggi alle esigenze delle autonomie locali e alla competenza legislativa attribuita alle Regioni.

X
Alla Regione del Friuli-Venezia Giulia, di cui all'articolo 116, si applicano provvisoriamente le norme generali del Titolo V della parte seconda, ferma restando la tutela delle minoranze linguistiche in conformità con l'articolo 6.

XI
Fino a cinque anni dall'entrata in vigore della Costituzione si possono, con leggi costituzionali, formare altre Regioni, a modificazione dell'elenco di cui all'articolo 131, anche senza il concorso delle condizioni richieste dal primo comma dell'articolo 132, fermo rimanendo tuttavia l'obbligo di sentire le popolazioni interessate.

XII
È vietata la riorganizzazione, sotto qualsiasi forma, del disciolto partito fascista.

In deroga all'articolo 48, sono stabilite con legge, per non oltre un quinquennio dalla entrata in vigore della Costituzione, limitazioni temporanee al diritto di voto e alla eleggibilità per i capi responsabili del regime fascista.

XIII
I membri e i discendenti di Casa Savoia non sono elettori e non possono ricoprire uffici pubblici né cariche elettive.

Agli ex re di Casa Savoia, alle loro consorti e ai loro discendenti maschi sono vietati l'ingresso e il soggiorno nel territorio nazionale.

I beni, esistenti nel territorio nazionale, degli ex re di Casa Savoia, delle loro consorti e dei loro discendenti maschi, sono avocati allo Stato. I trasferimenti e le costituzioni di diritti reali sui beni stessi, che siano avvenuti dopo il 2 giugno 1946, sono nulli.

XIV
I titoli nobiliari non sono riconosciuti.

I predicati di quelli esistenti prima del 28 ottobre 1922 valgono come parte del nome.

L'Ordine mauriziano è conservato come ente ospedaliero e funziona nei modi stabiliti dalla legge.

La legge regola la soppressione della Consulta araldica.

XV
Con l'entrata in vigore della Costituzione si ha per convertito in legge il decreto legislativo luogotenenziale 25 giugno 1944, n. 151, sull'ordinamento provvisorio dello Stato.

XVI
Entro un anno dalla entrata in vigore della Costituzione si procede alla revisione e al coordinamento con essa delle precedenti leggi costituzionali che non siano state finora esplicitamente o implicitamente abrogate.

XVII
L'Assemblea Costituente sarà convocata dal suo Presidente per deliberare, entro il 31 gennaio 1948, sulla legge per la elezione del Senato della Repubblica, sugli statuti regionali speciali e sulla legge per la stampa.

Fino al giorno delle elezioni delle nuove Camere, l'Assemblea Costituente può essere convocata, quando vi sia necessità di deliberare nelle materie attribuite alla sua competenza dagli articoli 2, primo e secondo comma, e 3, comma primo e secondo, del decreto legislativo 16 marzo 1946, n. 98.

In tale periodo le Commissioni permanenti restano in funzione. Quelle legislative rinviano al Governo i disegni di legge, ad esse trasmessi, con eventuali osservazioni e proposte di emendamenti.

I deputati possono presentare al Governo interrogazioni con richiesta di risposta scritta.

L'Assemblea Costituente, agli effetti di cui al secondo comma del presente articolo, è convocata dal suo Presidente su richiesta motivata del Governo o di almeno duecento deputati.

XVIII
La presente Costituzione è promulgata dal Capo provvisorio dello Stato entro cinque giorni dalla sua approvazione da parte dell'Assemblea Costituente, ed entra in vigore il 1° gennaio 1948.

Il testo della Costituzione è depositato nella sala comunale di ciascun Comune della Repubblica per rimanervi esposto, durante tutto l'anno 1948, affinché ogni cittadino possa prenderne cognizione.

La Costituzione, munita del sigillo dello Stato, sarà inserita nella Raccolta ufficiale delle leggi e dei decreti della Repubblica.

La Costituzione dovrà essere fedelmente osservata come legge fondamentale della Repubblica da tutti i cittadini e dagli organi dello Stato.

Dichiarazione universale dei diritti dell'uomo

(10 dicembre 1948)

PREAMBOLO

Considerato che il riconoscimento della dignità inerente a tutti i membri della famiglia umana e dei loro diritti, uguali e inalienabili, costituisce il fondamento della libertà, della giustizia e della pace nel mondo;

Considerato che il disconoscimento e il disprezzo dei diritti dell'uomo hanno portato ad atti di barbarie che offendono la coscienza dell'umanità, e che l'avvento di un mondo in cui gli esseri umani godono della libertà di parola e di credo e della libertà dal timore e dal bisogno è stato proclamato come la più alta aspirazione dell'uomo;

Considerato che è indispensabile che i diritti dell'uomo siano protetti da norme giuridiche, se si vuole evitare che l'uomo sia costretto a ricorrere, come ultima istanza, alla ribellione contro la tirannia e l'oppressione;

Considerato che è indispensabile promuovere lo sviluppo dei rapporti amichevoli tra le Nazioni;

Considerato che i popoli delle Nazioni Unite hanno riaffermato nello Statuto la loro fede nei diritti fondamentali dell'uomo, nella dignità e nel valore della persona umana, nell'eguaglianza dei diritti dell'uomo e della donna, e hanno deciso di promuovere il progresso sociale e un migliore tenore di vita in una maggiore libertà;

Considerato che gli Stati membri si sono impegnati a perseguire, in cooperazione con le Nazioni Unite, il rispetto e l'osservanza universale dei diritti dell'uomo e delle libertà fondamentali;

Considerato che una concezione comune di questi diritti e di queste libertà è della massima importanza per la piena realizzazione di questi impegni;

L'Assemblea Generale proclama

la presente Dichiarazione Universale dei Diritti dell'Uomo come ideale da raggiungersi da tutti i popoli e da tutte le Nazioni, al fine che ogni individuo e ogni organo della società, avendo costantemente presente questa Dichiarazione, si sforzi di promuovere, con l'insegnamento e l'educazione, il rispetto di questi diritti e di queste libertà e di garantirne, mediante misure progressive di carattere nazionale e internazionale, l'universale ed effettivo riconoscimento e rispetto tanto fra popoli degli stessi Stati membri, quanto fra quelli dei territori sottoposti alla loro giurisdizione.

Articolo 1
Tutti gli esseri umani nascono liberi ed eguali in dignità e diritti. Essi sono dotati di ragione e di coscienza e devono agire gli uni verso gli altri in spirito di fratellanza.

Articolo 2
1. Ad ogni individuo spettano tutti i diritti e tutte le libertà enunciati nella presente Dichiarazione, senza distinzione alcuna, per ragioni di razza, di colore, di sesso, di lingua, di religione, di opinione politica o di altro genere, di origine nazionale o sociale, di ricchezza, di nascita o di altra condizione.
2. Nessuna distinzione sarà inoltre stabilita sulla base dello statuto politico, giuridico o internazionale del Paese o del territorio cui una persona appartiene, sia che tale Paese o territorio sia indipendente, o sottoposto ad amministrazione fiduciaria o non autonomo, o soggetto a qualsiasi altra limitazione di sovranità.

Articolo 3
Ogni individuo ha diritto alla vita, alla libertà e alla sicurezza della propria persona.

Articolo 4
Nessun individuo potrà essere tenuto in stato di schiavitù o di servitù. La schiavitù e la tratta degli schiavi saranno proibite sotto qualsiasi forma.

Articolo 5
Nessun individuo potrà essere sottoposto a trattamenti o punizioni crudeli, inumani o degradanti.

Articolo 6
Ogni individuo ha diritto, in ogni luogo, al riconoscimento della sua personalità giuridica.

Articolo 7
Tutti sono eguali dinanzi alla legge e hanno diritto, senza alcuna discriminazione, a un'eguale tutela da parte della legge. Tutti hanno diritto a un'eguale tutela contro ogni discriminazione che violi la presente Dichiarazione come contro qualsiasi incitamento a tale discriminazione.

Articolo 8
Ogni individuo ha diritto a un'effettiva possibilità di ricorso a competenti tribunali nazionali contro atti che violino i diritti fondamentali a lui riconosciuti dalla costituzione o dalla legge.

Articolo 9
Nessun individuo potrà essere arbitrariamente arrestato, detenuto o esiliato.

Articolo 10
Ogni individuo ha diritto, in posizione di piena uguaglianza, a una equa e pubblica udienza davanti a un tribunale indipendente e

imparziale, al fine della determinazione dei suoi diritti e dei suoi doveri, nonché della fondatezza di ogni accusa penale che gli venga rivolta.

Articolo 11
1. Ogni individuo accusato di reato è presunto innocente sino a che la sua colpevolezza non sia stata provata legalmente in un pubblico processo nel quale egli abbia avuto tutte le garanzie per la sua difesa.
2. Nessun individuo sarà condannato per un comportamento commissivo od omissivo che, al momento in cui sia stato perpetrato, non costituisse reato secondo il diritto interno o secondo il diritto internazionale. Non potrà del pari essere inflitta alcuna pena superiore a quella applicabile al momento in cui il reato sia stato commesso.

Articolo 12
Nessun individuo potrà essere sottoposto a interferenze arbitrarie nella sua vita privata, nella sua famiglia, nella sua casa, nella sua corrispondenza, né a lesioni del suo onore e della sua reputazione. Ogni individuo ha diritto a essere tutelato dalla legge contro tali interferenze o lesioni.

Articolo 13
1. Ogni individuo ha diritto alla libertà di movimento e di residenza entro i confini di ogni Stato.
2. Ogni individuo ha diritto di lasciare qualsiasi Paese, incluso il proprio, e di ritornare nel proprio Paese.

Articolo 14
1. Ogni individuo ha diritto di cercare e di godere in altri Paesi asilo dalle persecuzioni.
2. Questo diritto non potrà essere invocato qualora l'individuo sia realmente ricercato per reati non politici o per azioni contrarie ai fini e ai principi delle Nazioni Unite.

Articolo 15
1. Ogni individuo ha diritto a una cittadinanza.
2. Nessun individuo potrà essere arbitrariamente privato della sua cittadinanza né del diritto di mutare cittadinanza.

Articolo 16
1. Uomini e donne in età adatta hanno il diritto di sposarsi e di fondare una famiglia, senza alcuna limitazione di razza, cittadinanza o religione. Essi hanno eguali diritti riguardo al matrimonio, durante il matrimonio e all'atto del suo scioglimento.
2. Il matrimonio potrà essere concluso soltanto con il libero e pieno consenso dei futuri coniugi.
3. La famiglia è il nucleo naturale e fondamentale della società e ha diritto a essere protetta dalla società e dallo Stato.

Articolo 17
1. Ogni individuo ha il diritto ad avere una proprietà privata sua personale o in comune con gli altri.
2. Nessun individuo potrà essere arbitrariamente privato della sua proprietà.

Articolo 18
Ogni individuo ha il diritto alla libertà di pensiero, di coscienza e di religione; tale diritto include la libertà di cambiare religione o credo, e la libertà di manifestare, isolatamente o in comune, sia in pubblico che in privato, la propria religione o il proprio credo nell'insegnamento, nelle pratiche, nel culto e nell'osservanza dei riti.

Articolo 19
Ogni individuo ha il diritto alla libertà di opinione e di espressione, incluso il diritto di non essere molestato per la propria opinione e quello di cercare, ricevere e diffondere informazioni e idee attraverso ogni mezzo e senza riguardo a frontiere.

Articolo 20
1. Ogni individuo ha il diritto alla libertà di riunione e di associazione pacifica.
2. Nessuno può essere costretto a far parte di un'associazione.

Articolo 21
1. Ogni individuo ha diritto di partecipare al governo del proprio Paese, sia direttamente sia attraverso rappresentanti liberamente scelti.
2. Ogni individuo ha diritto di accedere in condizioni di eguaglianza ai pubblici impieghi del proprio Paese.
3. La volontà popolare è il fondamento dell'autorità del governo; tale volontà deve essere espressa attraverso periodiche e veritiere elezioni, effettuate a suffragio universale ed eguale, e a voto segreto o secondo una procedura equivalente di libera votazione.

Articolo 22
Ogni individuo, in quanto membro della società, ha diritto alla sicurezza sociale nonché alla realizzazione, attraverso lo sforzo nazionale e la cooperazione internazionale e in rapporto con l'organizzazione e le risorse di ogni Stato, dei diritti economici, sociali e culturali indispensabili alla sua dignità e al libero sviluppo della sua personalità.

Articolo 23
1. Ogni individuo ha diritto al lavoro, alla libera scelta dell'impiego, a giuste e soddisfacenti condizioni di lavoro e alla protezione contro la disoccupazione.
2. Ogni individuo, senza discriminazione, ha diritto a eguale retribuzione per eguale lavoro.
3. Ogni individuo che lavora ha diritto a una remunerazione equa e soddisfacente che assicuri a lui stesso e alla sua famiglia un'esistenza conforme alla dignità umana e integrata, se necessario, da altri mezzi di protezione sociale.
4. Ogni individuo ha il diritto di fondare dei sindacati e di aderirvi per la difesa dei propri interessi.

Articolo 24
Ogni individuo ha il diritto al riposo e allo svago, comprendendo in ciò una ragionevole limitazione delle ore di lavoro e ferie periodiche retribuite.

Articolo 25
1. Ogni individuo ha il diritto a un tenore di vita sufficiente a garantire la salute e il benessere proprio e della sua famiglia, con particolare riguardo all'alimentazione, al vestiario, all'abitazione, alle cure mediche e ai servizi sociali necessari, e ha diritto alla sicurezza in caso di disoccupazione, malattia, invalidità, vedovanza, vecchiaia o in ogni altro caso di perdita dei mezzi di sussistenza per circostanze indipendenti dalla sua volontà.

2. La maternità e l'infanzia hanno diritto a speciali cure e assistenza. Tutti i bambini, nati nel matrimonio o fuori di esso, devono godere della stessa protezione sociale.

Articolo 26
1. Ogni individuo ha diritto all'istruzione. L'istruzione deve essere gratuita almeno per quanto riguarda le classi elementari e fondamentali. L'istruzione elementare deve essere obbligatoria. L'istruzione tecnica e professionale deve essere messa alla portata di tutti e l'istruzione superiore deve essere egualmente accessibile a tutti sulla base del merito.
2. L'istruzione deve essere indirizzata al pieno sviluppo della personalità umana e al rafforzamento del rispetto dei diritti dell'uomo e delle libertà fondamentali. Essa deve promuovere la comprensione, la tolleranza, l'amicizia fra tutte le Nazioni, i gruppi razziali e religiosi, e deve favorire l'opera delle Nazioni Unite per il mantenimento della pace.
3. I genitori hanno diritto di priorità nella scelta di istruzione da impartire ai loro figli.

Articolo 27
1. Ogni individuo ha diritto di prendere parte liberamente alla vita culturale della comunità, di godere delle arti e di partecipare al progresso scientifico e ai suoi benefici.
2. Ogni individuo ha diritto alla protezione degli interessi morali e materiali derivanti da ogni produzione scientifica, letteraria e artistica di cui egli sia autore.

Articolo 28
Ogni individuo ha diritto a un ordine sociale e internazionale nel quale i diritti e la libertà enunciati in questa Dichiarazione possano essere pienamente realizzati.

Articolo 29
1. Ogni individuo ha dei doveri verso la comunità, nella quale soltanto è possibile il libero e pieno sviluppo della sua personalità.
2. Nell'esercizio dei suoi diritti e delle sue libertà, ognuno deve essere sottoposto soltanto a quelle limitazioni che sono stabilite dalla legge per assicurare il riconoscimento e il rispetto dei diritti e della libertà degli altri e per soddisfare le giuste esigenze della morale, dell'ordine pubblico e del benessere generale in una società democratica.
3. Questi diritti e queste libertà non possono in nessun caso essere esercitati in contrasto con i fini e i principi delle Nazioni Unite.

Articolo 30
Nulla nella presente Dichiarazione può essere interpretato nel senso di implicare un diritto di qualsiasi Stato, gruppo o persona di esercitare un'attività o di compiere un atto mirante alla distruzione dei diritti e delle libertà in essa enunciati.